LUTO E TRAUMA

Blucher

LUTO E TRAUMA

Testemunhar a perda, sonhar a morte

Luciano Bregalanti

Luto e trauma: testemunhar a perda, sonhar a morte

Editora Edgard Blucher Ltda.

Série Psicanálise Contemporânea
Coordenador da série Flávio Ferraz
Publisher Edgard Blücher
Editor Eduardo Blücher
Coordenação editorial Jonatas Eliakim
Produção editorial Ariana Corrêa
Preparação de texto Ana Maria Fiorini
Diagramação Negrito Produção Editorial
Revisão de texto MPMB
Capa Leandro Cunha
Imagem de capa iStockphoto

Blucher

Rua Pedroso Alvarenga, 1245, 4º andar
04531-934 – São Paulo – SP – Brasil
Tel.: 55 11 3078-5366
contato@blucher.com.br
www.blucher.com.br

Segundo o Novo Acordo Ortográfico, conforme 6. ed. do *Vocabulário Ortográfico da Língua Portuguesa*, Academia Brasileira de Letras, julho de 2021.

Dados Internacionais de Catalogação na Publicação (CIP)
Angélica Ilacqua CRB-8/7057

Bregalanti, Luciano

Luto e trauma : testemunhar a perda, sonhar a morte / Luciano Bregalanti. – São Paulo : Blucher, 2023.

212 p. (Coleção Psicanálise Contemporânea)

Bibliografia

ISBN 978-65-5506-393-6 (impresso)

1. Psicanálise. 2. Luto. I. Título. II. Série.

22-5913 CDD 150.195

Índice para catálogo sistemático:
1. Psicanálise

Para Laura e seu olhar luminoso; Victor e seu sorriso encantador; Ana e sua presença amorosa.

Toda psicanálise nos fala da morte infiltrada na vida. E, se o trabalho do psicanalista visa a que o espaço psíquico não seja apenas uma superfície e ganhe corpo, ganhe espessura, carne, adquira uma liberdade de movimento e de jogo, isso implica que ele não pode evitar o trabalho do antagonista da morte, que tem de ir ao seu encontro.

Jean-Bertrand Pontalis

Meditar sobre a morte é meditar sobre a liberdade.

Michel de Montaigne

Agradecimentos

A Paulo Cesar Endo, orientador e inspirador da pesquisa a partir da qual surgiu este livro, a quem não conseguiria agradecer suficientemente pelo acolhimento, pela generosidade e pela partilha da compreensão da potência transformadora da psicanálise. Ana Cecília Magtaz, por sua leitura sensível e suas indicações valiosas; Daniel Kupermann, pela leitura atenciosa e pelas pontuações preciosas. Aos amigos do grupo em que o trabalho original foi discutido: Adriana Marino, Bruno Fedri, Flavia Gleich, Heloisa Marcon, Juliana Martins, Lilian Carbone, Lucas Torrisi (a quem agradeço também pela cuidadosa revisão do texto), Rose Miyahara e Tânia Veríssimo. A Adriana Omati, David Florsheim e Fábio Mesquita pelas trocas informais, mas igualmente ricas.

Daiane Rennó e Paulo Kohara (compadre, amigo de todas as horas e interlocutor original do trabalho). Fer e Chico Garzon (porque é você, porque sou eu). Aos amigos de uma vida: Diogo, Tui, Derri e Calabra.

Aos companheiros da clínica psicológica do Instituto Sedes Sapientiae, do Creas Osasco, do CAM – Depesp e do NAT-MPSP.

Às migas Carol(ita), Jú, La, Bru e Carlinha pela partilha cotidiana e companheirismo na adversidade e a Lu e Dani pelo apoio e compreensão.

Aos colegas e amigos do Departamento de Psicanálise do Instituto Sedes Sapientiae, especialmente Flávio Carvalho Ferraz, pelo acolhimento e sensibilidade na recepção do livro. Aos colegas do Grupo Brasileiro de Pesquisas Sándor Ferenczi e do Grupo de Pesquisa Direitos Humanos, Democracia, Política e Memória do Instituto de Estudos Avançados da Universidade de São Paulo (GPDH/IEA-USP).

Aos parceiros do Inventário de Sonhos (André Costa, Caroline Mortagua, Denise Mamede, Edson Sousa, Joana Horst e Paulo Endo).

A Daniel Delouya, por topar sonhar junto.

A toda minha família, especialmente a meus pais, Laércio, pelo incentivo e ensinamento do valor do estudo, e Vera, pelo apoio, ternura e por ser um exemplo de determinação, a Letícia, mana, pela parceria e carinho, e a meus avós, Cinira (*in memoriam*), João (*in memoriam*), Ricardo (*in memoriam*) e Elsa. A Ana, Victor e Laura, pelo apoio, pela compreensão, pelo amor, pelo prazer e sorte de tê-los. Vocês fazem tudo possível e melhor.

Àqueles que confiaram a mim suas histórias, desejos e conflitos e são a motivação e destino deste trabalho.

Conteúdo

Prefácio
As travessias do tempo que a melancolia não alcança, e a tristeza de um mundo que não cessa de viver: rumo a uma metapsicologia do luto

Paulo Endo

Temos aqui um texto necessário e elegante sobre a metapsicologia dos processos de perda, tão centrais, caros e imprescindíveis para a montagem e remontagem do saber/ignorar da psicanálise; para a clínica psicanalítica e para a potência da psicanálise como modelo de interpretação e compreensão de fenômenos, cuja complexidade não se esgota e não é inteiramente apreendida a partir do exame exclusivo da dualidade que se encena nas relações transferenciais.

O que faz de Freud um pensador invencível é justamente essa capacidade de impor uma dinâmica, sem teleologia, ao seu próprio pensamento, descortinando horizontes, mesmo e apesar dos momentos em que, dogmático, afirma suas certezas, muitas vezes no esteio da antecipação de dúvidas futuras.

A largueza desse propósito e dessa maneira de pensar, escrever e transmitir supõe, entretanto, que seus(uas) seguidores(as) sejam, cada um(a) a sua maneira, críticos(as) amadurecidos(as), experientes, ousados(as) e fiéis a uma ética que se deslinda no curso do próprio trabalho e do alcance da escuta analítica cujos confins são indeterminados, como tão bem observou Jean-Bertrand Pontalis.

As muitas linhas, reinvenções, inumeráveis escritos e proposições que fazem a psicanálise existir sobre um terreno movediço, constantemente desautorizado, agressivamente comparado com aquilo em que ela desde sempre evitou converter-se – um conjunto de verdades objetivas e sempiternas – dão testemunho da fertilidade de um pensamento que exacerbou sua invenção teórica, mas evitou os formalismos, optando por incentivar a prática leiga e criando seus modos próprios de formação e transmissão constantemente questionados no seio de suas instituições e escolas.

Assim, é evidente que o legado, a sobrevivência e a importância da psicanálise se devem, e sempre lhe serão tributárias, à sua capacidade renovada de aprofundar os limites da clínica, amparados sucessivamente por sua autocrítica e pelos elementos que, para os(as) psicanalistas, não raro e a despeito do próprio movimento nômade e errante do pensamento freudiano, convertem-se em dogmas difíceis de ultrapassar.

De uma maneira ou de outra, constatamos que o texto de 1917,[1] de uma potência e eloquência extraordinárias, até mesmo por ter sido publicado em meio ao maior morticínio já testemunhado até então, foi um tanto imobilizado nas leituras que vieram depois. De um modo geral, poderíamos dizer que o foco de interesse de Freud era mesmo a melancolia e que, consequentemente, teriam ficado ao largo do ensaio as complexidades dos processos de luto e perda.

Importa, entretanto, não condenar Freud pelo que não fez – ou não quis fazer –, mas assumir o legado freudiano como quem o relê, o reinventa e o refaz. É sempre isso que fazem as boas releituras da obra freudiana, e é nessa senda que o trabalho de Luciano

1 Freud, S. (1917[1915]). Luto e melancolia. In S. Freud, *Obras Completas: introdução ao narcisismo, ensaios de metapsicologia e outros textos (1914-1916)*. (P. C. de Souza, trad., Vol. XII, pp. 170-194). São Paulo: Companhia das Letras, 2010.

Bregalanti se insere. O autor retoma as necessárias aproximações e distanciamentos que constituem a produção teórica da psicanálise desde "Luto e melancolia". Refaz o caminho que produziu questões férteis abertas por Karl Abraham, já crítico em relação à posição freudiana sobre os processos de perda; a radicalidade desperta pelo pensamento de Sándor Ferenczi, que invoca e provoca o desrecalcamento do trauma na psicanálise freudiana; e o mergulho de Melanie Klein nas formas clínicas primárias da pulsão de morte, retomando em sua pesquisa o imenso manancial que a proposição inaugurada por Freud provocou como herança, legado e transmissão.

Se Bregalanti examina em pormenor certos trechos e derivações do texto freudiano de 1917, é porque entende ser necessário montar o diagrama do que foi pensado pelos(as) psicanalistas freudianos(as) a partir do impacto causado pela publicação de "Luto e melancolia". Essa montagem aparece no esmero e cuidado que o autor teve em evidenciar os percalços que aguardam no trabalho de luto. É possível enlutar pedaços, fragmentos, objetos parciais? Alcança o trabalho de luto tudo aquilo que não foi alcançado pela castração? Podemos perder o que nunca tivemos?

A convocação de Karl Abraham como interlocutor de Freud nesse ponto indica que Abraham foi, de fato, o primeiro a apontar as insuficiências de Freud no tratamento dos processos de luto. Do mesmo modo, foi Melanie Klein quem avançou na clínica do luto, indicando os binarismos inultrapassáveis dos mecanismos psíquicos de perda e luto no contexto da constituição psíquica dos objetos parciais.

No tratamento dessas questões, Bregalanti se aproxima com delicadeza de duas outras derivações de sua pesquisa e dos processos de luto: o trabalho de memória e o seu face a face com a experiência do traumático que, de muitas maneiras, irrealiza a própria memória enquanto esteio no qual as experiências de tempo e espaço se elaboram. Sándor Ferenczi é seu imprescindível interlocutor.

O trauma irrompe então como a experiência que define o estilhaçamento que é efeito da impossibilidade e dos limites do trabalho psíquico, mas também da incomensurabilidade do golpe que põe fim definitivo a todas as delicadezas.

Poucos desafios clínico-teóricos são tão importantes e urgentes para a psicanálise quanto esse que aponta para o lugar onde a própria experiência é atacada, em sua gênese, pela indiferença – como figurou a importante artista plástica e *performer* guatemalteca Regina José Galindo nas inesquecíveis imagens de uma retroescavadeira avançando sobre um corpo nu. Entre um corpo quebradiço e a máquina, o que se aniquila e o que sobra, resta e faz memória, já que nada restaria depois?

Galindo faria sua a reflexão de Walter Benjamin em "O narrador",[2] quando Benjamin coloca lado a lado os corpos mudos e baldios dos soldados que retornavam da Primeira Grande Guerra, psiquicamente destroçados, face às máquinas avassaladoras e ensurdecedoras criadas para espatifá-los em segundos.

Essa foi a senda perseguida todo o tempo, porém de modo discreto, por Bregalanti, que convoca o testemunho como resposta e como problema nos estudos psicanalíticos sobre a memória. Os muitos impasses do dizer e de sua impossibilidade, que o ato testemunhal atesta, ressoam nos desafios que o trabalho e o pensamento psicanalíticos enfrentam hoje no Brasil e no mundo, quando os negativismos assumem formas grandiloquentes, definem politicas nacionais e nos ensurdecem com o oco de palavras que barulham

---

2 Benjamin, W. (1994). O narrador: considerações sobre a obra de Nikolai Leskov. In *Magia e tecnica, arte e política: ensaios sobre literatura e história da cultura*. (S. P. Rouanet trad., pp. 197-221). São Paulo: Brasiliense.

como objetos que se chocam e se quebram, produzindo entulhos que sobram como ruídos incessantes, mais altos que qualquer palavra proferida que pudesse ser escutada.

Como descreve o autor, uma certa visibilidade desempenha papel fundamental para que o tempo e o lugar intrapsíquico necessários ao trabalho inventarial de luto seja assegurado pela inscrição pública e social do morto, retirando do enlutado o peso de carregá-la em si como guardião de sua memória.

Bregalanti, ao mesmo tempo, dá os primeiros passos neste livro a um trabalho de fôlego que vem realizando junto ao grupo de pesquisadores do coletivo de psicanalistas Inventário de Sonhos, um acervo com mais de 1.200 sonhos colhidos, provavelmente maior acervo de sonhos criado durante a pandemia no Brasil. O sonho já é, portanto, tema das pesquisas vindouras do autor e já em andamento no horizonte que se desfaz e refaz, para que a vida psíquica que persiste e insiste nos vazios do tempo e espaço exista. Assim, sua pesquisa atual de doutoramento que ora prossegue se debruça sobre a experiência e a narrativa onírica, e é a continuação natural deste livro.

Por fim, é preciso dizer que não são muitas as pesquisas e reflexões que estão e estarão à altura desses desafios mais fundos que o autor abraça e ante os quais a psicanálise se vê convocada. Mas certamente este livro, escrito com propósito, rigor e elegância, é uma delas.

Luciano Bregalanti, com seu primeiro livro, inicia uma trajetória pródiga para a pesquisa em psicanálise, revisitando os princípios fundantes de sua ética; para a retomada dos sonhos e da elaboração onírica, em tempos de escárnio e ocultação de sentidos possíveis, e para os estudos sobre a memória política e social sob vergonhosos e flagrantes ataques hoje no Brasil.

Introdução

Na noite após ter depositado a dissertação que deu origem a este livro, visitou-me em sonho pela primeira vez meu avô, morto havia anos. Veio encontrar-me numa praia familiar, um lugar cheio de marcas de infância, e, silencioso, olhava-me com enorme carinho. Esse olhar, eu sabia, traduzia a admiração de um feito há tanto desejado, que marcava a conquista de todo um universo até então inacessível: iletrado, como quase toda essa geração da família, cujo destino fora o trabalho pesado, ele valorizava e incentivava o estudo imensamente. Emocionado com esse reencontro, eu observava suas feições, relembrava seus traços tão marcantes, quando me dei conta de que havia algo diferente: seus cabelos eram os mesmos seus de sempre, como os conheci (e dos quais ele cuidava vaidosamente), mas curiosamente reconheci ao mesmo tempo os meus nos seus. Ele, de algum modo, era eu; eu, de algum modo, era ele. Diante do meu espanto, ele sorriu e se foi, desapareceu em meio à areia, como quem houvesse cumprido uma missão. Acordei realmente emocionado.

Esse embaralhamento de fronteiras que somente o sonho é capaz de promover figurava algo de um trabalho em ação, uma elaboração de um processo de luto que se havia iniciado tantos anos antes, mas que fora como que despertado, reatualizado. Como a clínica testemunha com tanta frequência, o término de um processo de luto é questão delicada. Delimitar a linha a partir da qual se o poderia considerar encerrado é geralmente difícil, senão impossível. Mais que isso, perdas por vezes de natureza distintas tendem a se associar, fazendo com que eventualmente algo que à primeira vista não parecesse tão impactante desencadeie ou reative processos de luto paralisados.

Apesar de se tratar de algo tão natural, que basicamente todo e qualquer ser humano experiencia ao longo da vida, o luto, como notou Freud (1916/1992q), é um verdadeiro enigma para a psicologia. Trata-se de um processo lento e doloroso, cuja complexidade é demonstrada pela frequência com que a clínica acolhe pacientes cujos sintomas se desenvolvem em torno de lutos mal ou não elaborados. Em diversas experiências (separações, perdas, mortes) – que não se equivalem, mas que são intimamente ligadas –, exige-se do psiquismo a colocação em ação de trabalhos difíceis, porém necessários.

Como notou o psicanalista francês Jean-Bertrand Pontalis (1988), o trabalho do luto é tal que chega a se confundir com a definição do que constitui a tarefa de fala no processo analítico. Se, no âmbito reservado de um tratamento psicanalítico, contudo, alguns dos esforços necessários à assimilação da passagem simbólica dos mortos a outro plano ficam em evidência, na dimensão comunitária da vida as celebrações que demarcam tal passagem são da ordem daquilo que torna o humano mais marcadamente caracterizado como tal. Não há comunidade humana que não tenha ritos fúnebres, reorganizando as relações sociais após a morte de um de seus membros, inscrevendo sua memória no laço social e construindo simultaneamente um tempo e um espaço que permitem aos enlutados buscar um destino subjetivo para suas perdas.

No entanto, embora possam parecer naturais e universais, as formas como se organizam socialmente os rituais de morte e as experiências subjetivas de sofrimento passaram por transformações muito importantes ao longo da história. Observar diferenças entre séculos que demonstram uma lenta, mas significativa, mudança na forma como lidamos com a morte possibilita perceber como o íntimo entrelaçamento entre modos socialmente compartilhados de sua assimilação e experiência subjetiva são indissociáveis. Freud estabeleceu um marco histórico nesse sentido, precisamente no momento em que o luto, até então essencialmente marcado pela organização coletiva e social dos ritos relativos à morte, passava a se caracterizar cada vez mais fortemente pela interiorização subjetiva da perda.

Por isso, seguindo os traços indicados em "Luto e melancolia" (1917/1992t), este livro se inicia pela investigação da melancolia e sua associação a fenômenos e sentimentos que estabeleceram as bases para a compreensão contemporânea dos estados patológicos do luto. Entre a bile negra da melancolia e a nostalgia, da morte "social" à interiorização das perdas, acompanho algumas das variações, encontros e desencontros que constituíram o momento histórico em que Freud adentrou esse amplo campo de debates, trazendo inflexões determinantes à compreensão atual desses fenômenos.

Mas, como vida e obra têm contornos por vezes borrados quando se trata de Freud e a psicanálise, as próprias relações de Freud com os temas da morte e do luto, em articulação com suas formulações teórico-clínicas, tiveram de se tornar tema de estudo, para além do contexto histórico em que se inserem. Das experiências que a época impôs a Freud, da violência da guerra que irrompeu, concomitantemente às elaborações teóricas que surgiam em conjunto com seus interlocutores e acontecimentos de sua vida privada – como mortes dolorosas de familiares e amigos –, surgiram formulações novas e profícuas (das quais somos atualmente tributários), mas também dúvidas, lacunas e possibilidades.

É esse o motivo pelo qual se fez necessária a realização de um levantamento dos modos de tratamento do tema do luto na obra freudiana, de forma a auxiliar na compreensão dos contornos que lhe foram dados pelas escolhas teórico-metodológicas do criador da psicanálise, o que significou simultaneamente buscar esclarecer caminhos metapsicológicos relegados a segundo plano no interior de sua própria obra, que por diversos motivos não chegaram a ser explorados.

Isso levou à exposição de problemas, pontos obscuros, questões metapsicológicas difíceis que levanto com o intuito de colocá-los em diálogo com críticas recebidas por Freud de fora e mesmo de dentro do campo da psicanálise. Nesse ponto, surgem questões acerca do que se entende por objeto em termos relacionais e seu estatuto no interior do luto, assim como sentidos interpretáveis segundo lógicas distintas quando se trata de perdas que ocorrem ao longo da vida e do desenvolvimento psíquico. Algumas não são só inevitáveis como necessárias, enquanto outras são contingenciais.

Outro ponto importante que mereceu destaque, já que embasou importantes questionamentos à teoria psicanalítica, tem a ver com a ideia de que Freud e a psicanálise pós-freudiana teriam ignorado a dimensão social do luto, insistindo em uma versão dual que trataria basicamente do enlutado e seu morto, de algum modo reduzindo o fenômeno ao intrapsíquico. Para buscar caminhos quiçá mais sofisticados, evitando aderir seja ao polo de defesa da eventual injustiça de tais críticas, seja ao do endosso irrestrito a elas, optei em parte pela estratégia de André Green, que, questionado certa ocasião acerca do que havia de novo em psicanálise, respondeu taxativamente: "Freud!". Tentando aprofundar e fazer trabalhar a metapsicologia existente com pequenas torções, esforços e deslocamentos, recorri à própria metapsicologia freudiana, apoiando-me em pontos como a teoria pulsional e o narcisismo, além de ter analisado ideias expostas na troca de cartas de Freud com aqueles que foram seus principais interlocutores no momento histórico em que os textos sobre morte e luto vieram à luz (não coincidentemente, nos anos marcados pela Primeira Grande Guerra).

Karl Abraham e Sándor Ferenczi, discípulos inestimáveis, cujos pensamentos, contudo, alçaram voos únicos para além das concepções do mestre, estabeleceram praticamente de forma simultânea interlocuções com Freud que levaram à gênese de ideias fecundas, nem sempre assimiladas ou mesmo reconhecidas, ao menos no momento em que foram formuladas. Apoiei-me em suas obras e recorri também às significativas omissões e confusões em sua troca epistolar, que revelam como intuições de primeira grandeza dos discípulos acabaram de certa forma negligenciadas, permanecendo, contudo, como vestígios que persistem e inspiram percursos por vezes inéditos.

Karl Abraham, destinatário inicial de "Luto e melancolia" (1917/1992t), tinha já uma relativamente longa trajetória em estudos congêneres e, não plenamente satisfeito com as ideias apresentadas até então por Freud, insistiu na investigação das chamadas relações objetais precoces como germes das reações posteriores possíveis à elaboração de perdas reais. Ou seja, aquilo que, em psicanálise, se considera da ordem da castração em sentido amplo, dos atravessamentos necessários em que perdas parciais necessariamente ocorrerão (em relação a si mesmo, à autoimagem, a uma posição subjetiva ocupada etc.) compõe a base a partir da qual atuam alguns dos mais importantes elementos de um processo de luto face à perda de um objeto total, à morte de alguém significativo, por exemplo. Nesse caso, uma curiosa expansão libidinal costuma ocorrer, observou Abraham. Algo em torno do qual Ferenczi elaborou e sistematizou ideias próprias e originais, que trouxeram a intersubjetividade ao centro de seu pensamento.

Aliado à sua interpelação da teoria freudiana sobre os limites do traumático, o pensamento ferencziano auxilia com uma abordagem original de impasses e obstáculos enfrentados clinicamente no tratamento de pessoas enlutadas ou que sofram de efeitos de lutos mal elaborados, por vezes sequer admitidos. Ambas as teorizações - de Abraham, acerca da ambivalência em jogo no luto e suas relações com a melancolia, no bojo das relações objetais e seus destinos pulsionais; e de Ferenczi, acerca da introjeção das pulsões e dos destinos do trauma - evidenciam uma dimensão que, apoiada nos estudos sobre o narcisismo, coloca a alteridade como elemento fundamental para a compreensão dos avatares do luto. Tal dimensão, embora não se possa afirmar ter sido ignorada por Freud, ganha interessantes matizes quando interpelada por esses autores, trazendo à clínica chaves de leitura férteis.

É possivelmente no campo do traumático que isso se evidencia mais fortemente, seja naquilo que o luto comportaria de inerente ou homologamente traumático, seja nas inflexões que traumas decorrentes de diferentes formas de violência trazem ao trabalho psíquico imposto aos sobreviventes. Especialmente quando se nega aos mortos ou se deturpa a inscrição social de sua memória e o enlutado se vê no centro de um campo de batalhas, como demonstram movimentos sociais que se dedicam à justiça e à reparação históricas.

Articular as dimensões privada do sofrimento do enlutado e pública do fenômeno do luto, por meio da interface entre memória e testemunho, significa buscar compreender a força do testemunho da perda em sua busca por reconhecimento e inscrição no laço social e, simultaneamente, seu funcionamento como motor do próprio trabalho psíquico do enlutado. Trabalho em que as imagens se lançam à frente, impelem com sua força e figuram a perda de modo único. Perder de vista, deixar esvair o rosto, esquecer a voz, desfazer-se a sensação de presença não são justamente alguns dos medos mais significativos e recorrentes de quem perde seus seres amados? As aparições fantasmáticas, alucinações, o estranho familiar que se repete a cada vez que escutamos a voz, acreditamos ter visto por uma fração de segundo nossos mortos inesperadamente em meio à rotina, fazendo vacilar por um breve momento a realidade, não são indícios de uma profunda transformação narcísica que somente o desequilíbrio, o desarranjo pulsional do processo de luto, pode ocasionar?

Lugar privilegiado para esse vacilo, estremecimento, espécie de terremoto simbólico que nos acomete, o sonhar – justamente tendo sido o modelo sobre o qual o método analítico foi forjado – cria novamente perspectivas de abertura, de cuidado à clínica do luto de modo único. Com seu caráter incompleto e poroso, os sonhos abraçam o trauma de modo como provavelmente nenhum outro fenômeno, possibilitando a emergência de um devir vital.

Não poderia haver demonstração maior da capacidade onírica de assegurar ao psiquismo um lugar de elaboração que a profusão de sonhos surgidos em meio à pandemia que assolou o mundo a partir de 2019. Nesse contexto, tomados pelo desconhecimento e pela insegurança, centenas de pessoas dispuseram-se a doar o precioso material de seus sonhos por meio do Inventário de Sonhos, projeto do qual participei que formou um acervo inestimável, dando testemunho à experiência da morte desenfreada e desumanizada, desprovida dos rituais, do tempo de despedida, da assimilação comunitária. Trabalhando, então, a partir de alguns desses sonhos, encerro trazendo, face à barbárie desgovernada e ao desamparo na catástrofe, a persistência e a força das criações oníricas e das associações dos sonhadores, que estabelecem de forma lacunar, imperfeita e estranha conversas interrompidas, projetos impedidos, histórias descontinuadas que somente no íntimo do interior de si, mas em estreito contato com o mundo, podem advir.

1. Da melancolia ao luto

Quando Freud dedica-se formalmente ao enigma do luto, especialmente em seu texto seminal de 1917 (1917/1992t), ele o faz em articulação com a melancolia e as vicissitudes relacionadas à perda em ambos os casos. Ao fazê-lo, está ao mesmo tempo aderindo a antigos sistemas de pensamento e afastando-se em direção àquele próprio à sua doutrina, estabelecendo assim uma posição original. Tal caminho não poderia ser qualificado como unívoco, mas, ao adotá-lo, Freud acaba por eleger como ponto de apoio de suas teses a perda de objeto, expressão consagrada em psicanálise, que revela, justamente em sua conjugação de termos, ao mesmo tempo, certa filiação a teorias da perda e do sofrimento humano e sua inovação, atrelando-a a um objeto dotado de especificidades psíquicas inconscientes. Suas contribuições marcaram de forma tão relevante os campos de estudo que se dedicam aos dois temas que o caminho por ele traçado merece ser revisitado. A fim de melhor compreender as origens e o contexto de "Luto e melancolia" (1917/1992t), comecemos, portanto, debruçando-nos sobre a melancolia e o sentido de perda que a marca.

Melancolia: da bile negra à nostalgia

> *Objeto de ódio para os deuses, Ele*
> *vagava só na planície de Aleia,*
> *O coração devorado de tristeza,*
> *evitando os vestígios dos homens.*
>
> Homero

Antes de ser nomeada, eis, na *Ilíada*, uma primeira descrição de um melancólico, aquele que, nas palavras de Starobinski (2016), "Abandonado pelos deuses, faltam-lhe qualquer recurso e toda coragem para permanecer entre seus semelhantes. Uma cólera misteriosa, pesando do alto sobre ele, afasta-o dos caminhos trilhados pelos homens, desvia-o de todo objetivo e de todo sentido" (p. 18). Belerofonte, herói corajoso e justo, encontra-se como num deserto sem fim, sem acolhimento dos deuses e, ao mesmo tempo, sem lugar entre os homens, sem qualquer explicação plausível, ou, ainda, segundo outra versão, como resultado de sua ousadia por ter tentado escalar o céu (Plon & Roudinesco, 1998).

Assim como Demócrito, que, tendo se isolado em Abdera, é tido como louco por seus compatriotas, ri indiferentemente de tudo, até que Hipócrates é chamado para então encontrar um homem retraído em função de seu estudo. Ele lê, medita, disseca animais para melhor conhecer a bile e compreender as causas da loucura, e ri, na verdade, dos homens que não entendem a sabedoria da qual está imbuído seu projeto enquanto sofrem de labores inúteis. Hipócrates opera, então, uma conversão, outorgando a Demócrito o papel de mestre e terapeuta, passando a considerar-se seu discípulo e declarando os abderitas, eles sim, loucos (Peres, 2010; Starobinski, 2016).

Essa enigmática condição, que suscita tanta atração, recebeu o nome de "melancolia", cuja etimologia revela a teoria explicativa subjacente de uma forma de loucura intimamente associada à genialidade, que, por séculos, permitiu descrever de forma mais ou menos coesa um conjunto de sintomas relacionados à tristeza, ao humor sombrio, uma certa atração pela morte, pela perda e pela crueldade voltada ao próprio sujeito, aliados a uma certa ousadia de pensamento.

Derivada do grego, provém da junção de "*melas*" (negro) e "*kholé*" (bile), portanto associada à bile negra (ou atrabílis) na teoria hipocrática dos humores, de acordo com a qual haveria quatro humores no corpo humano: o sangue, associado ao ar; a bile amarela, ao fogo; a fleuma, à água; e a bile negra, à terra. Esta última, além de associada à terra, pode também se ligar ao outono ou ao inverno, ao frio, ao elemento seco, à velhice e à cor preta. Ao menos até o Renascimento, essa teoria exerceria enorme influência na forma como se entendeu a melancolia.

Atribui-se, no entanto, a Aristóteles o primeiro tratado dedicado ao tema, em que aborda a relação entre genialidade e loucura e também parte dos elementos naturais hipocráticos, dos quais faz uso para buscar explicar a melancolia. Ela seria, para ele, decorrente dos efeitos do calor (elemento regulador do organismo humano); portanto, do equilíbrio entre energias. Intimamente ligada ao erotismo e à bile negra, entendida como uma espécie de privilégio reservado às mentes avançadas, a melancolia não seria exatamente uma doença, mas a própria natureza do filósofo, seu éthos (Peres, 2010).

À teoria dos humores acrescenta-se, na Idade Média, a astrologia. Nela, mantém-se o laço que une melancolia e genialidade. Os melancólicos são filhos de Saturno, o correspondente romano de Cronos, deus que castrou Urano, seu pai, antes de devorar os próprios filhos. A tradição astrológica atribuía, assim, a uma influência da Terra em conjunção astral com Saturno o temperamento melancólico, voltado ao recolhimento, à contemplação como forma de conhecimento. Representado pela *imagerie* medieval coxo e empunhando a foice ceifadora da morte, transformou-se no signo "sob cuja equívoca dominação, a mais nobre espécie de homens, a dos 'religiosos contemplativos', destinada à investigação dos mistérios supremos, encontrava o seu lugar junto ao pelotão 'todo rude e material' dos infelizes filhos" (Agamben, 2007, p. 36).

Já no Renascimento, passa a predominar uma distinção entre melancolia sublime e vulgar, introduzida por Marsílio Ficino, médico florentino também adepto da astrologia, cuja obra conjuga quatro tradições de pensamento: a teoria hipocrática dos humores, a poesia e o furor platônicos, a astrológica (de Saturno melancólico) e a aristotélica, relacionando melancolia e genialidade. Sua concepção era a de que a melancolia seria um tormento, mas ao mesmo tempo uma oportunidade para os homens de estudo. Peres (2010), nesse sentido, chama atenção para a proximidade da abordagem cristã da melancolia, que vê nela a um só tempo um pecado e um possível caminho que conduziria a Deus.

De fato, na Idade Média, um mal desolador se propagou pelos mosteiros e abadias e atingiu vilas, castelos e palácios. Uma antiga tradição hermenêutica qualifica-o como um vício sem perdão possível, como um dos pecados capitais, que os padres da Igreja nomeariam especialmente "*acedia*", "*tristitia*". Esse demônio meridiano (posto que assalta quando o sol culmina no horizonte) não deve ser procurado sob o signo da preguiça, mas antes de um retraimento motivado pela consciência do compromisso diante de Deus, o que significa que o acidioso, ao retrair-se diante de seu fim divino, "não delata um eclipse do desejo, mas sim o fato de tornar-se inatingível o seu objeto" (Agamben, 2007, p. 29).

A despeito de uma possível interpretação da acídia como uma simples ausência ou deficiência, subsiste uma ambiguidade fundamental nessa curiosa figura medieval face a seu desejo, que não cessa de existir justamente porque é mantido pela impossibilidade de seu alcance, posto que seu objeto é inatingível.

O demônio meridiano do acidioso seria, pois, assimilado à antiga teoria atrabiliária (já no fim da Idade Média, os calendários e almanaques os retratariam fundidos), de modo que, "na insistente vocação contemplativa do temperamento saturnino, continua vivo o Eros perverso do acidioso, que mantém o próprio desejo fixo no inacessível" (Agamben, 2007, pp. 38-39). Por isso, o temperamento melancólico é associado não somente a uma inclinação artística, a um gênio poético-filosófico, mas também ao erotismo, à luxúria.

Embora seja possível identificar certa unicidade em torno de algumas de suas características sintomatológicas, ao longo dos séculos a melancolia recebeu diferentes representações, e, a partir do fim da Idade Média, progressivamente ganhou força uma causalidade existencial com ênfase na tristeza pesarosa dos melancólicos. Em 1621, foi publicada *Anatomia da melancolia*, obra canônica de Robert Burton, que marcaria um ponto de virada, ao manter o léxico da teoria atrabiliária, aproximando-a, entretanto, de forma mais pungente a um certo desespero (Plon & Roudinesco, 1998), desenvolvendo uma interpretação "nervosa" da doença (Starobinski, 2016, p. 144).

O ensimesmamento, a culpabilização, a solidão e a tristeza passam a integrar o quadro melancólico de forma mais aguda entre os séculos XVI e XVIII, atestando um reposicionamento causal das substâncias (os humores) para as qualidades, que faria conviver até o século XIX uma teoria humoral e a teoria "nervosa" da melancolia.

Quando, em 1688, o médico Johannes Hofer dedicou uma tese à nostalgia (*Heimweh*), seriam acrescidas à conhecida melancolia amorosa resultante do afastamento amoroso as vicissitudes sintomáticas advindas do afastamento do meio, da terra. A nostalgia é, de fato, uma junção entre "retorno" (*nóstos*) e "dor" (álgos), que encontra grande repercussão na Europa em fins do século XVIII, levando à preocupação com o estabelecimento de um quadro clínico por Pinel que seria bastante próximo, ou mesmo assimilado, à melancolia: ar triste, desgosto, silêncio obstinado, emagrecimento pela recusa de alimentação, marasmo e morte.

Condição que, a despeito de sua importância, destacando a pluralidade de fatores determinantes em psicopatologia, perde espaço no século XX com o impulso às teorias organicistas que entrariam em voga. Com isso, "o tom se desloca. Não se fala mais de doença, mas de reação. Não mais se sublinha o desejo de retorno, mas ao contrário a falta de adaptação" (Starobinski, 2016, p. 222). Se nostalgia remetia a um lugar anterior ao qual retornar, sendo o retorno uma hipótese de cura, passa-se então a insistir na falta de acomodação do indivíduo à sociedade nova à qual ele se deve integrar. Não por acaso, tais transformações da terminologia e do conceito ocorrem em meio a importantes mudanças na geografia social, uma vez que a noção de nostalgia se desenvolveu na Europa no momento da expansão das grandes cidades.

Essa função formadora conferida à comunidade aldeã seria então conservada sob vários prismas pela família. O que fora determinado em relação ao lugar natal foi reconfigurado em termos pessoais, subjetivos, nas relações com as figuras parentais e com os estágios do desenvolvimento humano. Exílio e infância perdida, portanto, confundem-se, de sorte que, para Starobinski, as sensações da própria infância que o nostálgico desejava encontrar em sua terra natal seriam reencontradas na regressão freudiana, em termos de sua própria história. "A aldeia está interiorizada", pensou (Starobinski, 2016, p. 223).

Antes do termo mais especializado, consequentemente descrevendo um sentimento preexistente, mas ao mesmo tempo alterando-o a partir do momento em que o nomeia, a nostalgia tinha um nome mais genérico: desejo, *desiderium*, marca dos grandes textos épicos ou sagrados que instalaram uma poética da nostalgia (como Odisseu, figura paradigmática do exílio, na *Odisseia*), cujos sinais subsistem em nossa cultura significativamente. O luto porta justamente essa marca. A nostalgia, sofrimento causado pela separação, é uma variedade do luto.

Assim, a melancolia - loucura genial, junção entre a bile negra e a tristeza face ao bem supremo inalcançável, decorrente do desejo sem objeto atingível -, ao fazer-se nostalgia pela distância idílica, aproxima-se do luto, essa dolorosa reação à perda do ser amado, da terra-mãe, da infância afastada.

A melancolia - tendo sido assimilada a grandes sintomas pertinentes ao tempo e à cultura vigentes, seja como reflexo da "falência geral da ordem monárquica e a aspiração à intimidade pessoal" (Plon & Roudinesco, 1998, p. 505), no fim do século XVIII, seja com suas diversas variações a partir do estabelecimento da psiquiatria, no século XIX - chegou, portanto, a Freud de maneira singular:

> *Chamada de lipemania por Jean-Étienne Esquirol (1772-1840), a melancolia assumiu posteriormente o nome de loucura circular, sob a pena de Jean-Pierre Falret (1794-1870), sendo então aproximada da mania. No fim do século, foi integrada por Emil Kraepelin à loucura maníaco-depressiva, fundindo-se em seguida à psicose maníaco-depressiva. Se os herdeiros da nosografia alemã tenderam a fazer a melancolia submergir*

> *no vocabulário técnico do discurso psiquiátrico, os fenomenologistas conservaram o termo, também eles efetuando uma aproximação da mania. Foi o que se deu, em particular, com Ludwig Binswanger, que designou a melancolia como uma alteração da experiência temporal, e a mania, como uma deficiência da relação intersubjetiva. Pouco interessado nessa psiquiatrização do estado melancólico, Sigmund Freud renunciou a aproximar a mania da depressão, preferindo revigorar a antiga definição da melancolia: não uma doença, mas um destino subjetivo. (Plon & Roudinesco, 1998, pp. 505-507)*

Se a introdução da origem inconsciente das autoacusações e queixas do melancólico, do ódio recalcado pelo objeto perdido, representa uma mudança clínica paradigmática em relação às concepções psiquiátricas vigentes, Freud, ao mesmo tempo, distancia-se da longa tradição de pensamento que se estendia da Antiguidade ao Romantismo. Nesse sentido, é preciso lembrar que "o sujeito da psicanálise formou-se entre as contradições e os impasses provocados pela emergência do individualismo, essa formação subjetiva inexistente em sociedades pré-modernas" (Kehl, 2009, p. 41).

A melancolia até então identificada ao campo das artes, da filosofia e da inventividade em geral e situada marcadamente na intersecção entre vida privada e laço social, passou a ser compreendida a partir das perspectivas das ligações narcísicas precoces e íntimas, no seio da vida familiar.

No entanto, como nota Agamben (2007), nas formulações freudianas acerca da melancolia, precisamente em suas intersecções com o luto, há uma certa persistência de elementos tradicionalmente vinculados à acídia e à teoria humoral do temperamento melancólico, a saber, o recesso do objeto e a retração da intenção contemplativa. Como na perda efetiva do luto, a melancolia remete a uma perda de um objeto de amor, seguida de um retraimento libidinal ao Eu, narcisicamente identificado com o objeto perdido. Contudo, o paradoxo melancólico é aquele de uma perda à qual não se pode ligar claramente nenhum objeto.

Agamben identifica nas conclusões psicanalíticas uma coincidência com as formulações dos padres da Igreja, que viam na retração da acídia uma demonstração do desejo face ao objeto tornado inacessível, protegendo-se assim de sua possível perda, ao mantê-lo em sua ausência. Igualmente, a retração da libido na melancolia visaria a uma espécie de apropriação diante da efetiva impossibilidade da posse. Assim, menos uma reação regressiva face à perda do objeto amado, a melancolia assinala a capacidade fantasmática de simular uma perda que talvez nunca tenha sido real, portanto fazendo aparecer como perdido um objeto que, na verdade, é simplesmente inapreensível.

A aproximação com o luto se faz, desse modo, compreensível, porque, ao cobrir seu objeto "com os enfeites fúnebres do luto, a melancolia lhes confere a fantasmagórica realidade do perdido"; mas, enquanto luto por um objeto inapreensível, "sua estratégia abre um espaço à existência do irreal e delimita um cenário em que o eu pode entrar em relação com ele, tentando uma apropriação que posse alguma poderia igualar e perda alguma poderia ameaçar" (Agamben, 2007, p. 45).

A fidelidade extrema do melancólico a seu objeto, marcada pela ambivalência entre mantê-lo ou suprimi-lo, é parte de um jogo em que manutenção e supressão ocorrem simultaneamente e assim se apoiam, o que a incorporação oral canibalística descrita por Abraham (1916/1948b) demonstrara já exemplarmente.

> *A perda imaginária que se apodera tão obsessivamente da intenção melancólica não tem objeto real algum, porque sua fúnebre estratégia está voltada para a impossível captação do fantasma. O objeto perdido não é nada mais que a aparência que o desejo cria para o próprio cortejo do fantasma, e a introjeção da libido nada mais é que uma das faces de um processo, no qual aquilo que é real perde a sua realidade, a fim de que o que é irreal se torne real. Se, por um lado, o mundo externo é narcisisticamente negado pelo melancólico como objeto de amor, por outro, o fantasma obtém dessa negação um princípio de realidade, e sai da muda cripta interior para ingressar em uma dimensão nova e fundamental. Não sendo mais fantasma e ainda não sendo signo, o objeto irreal da introjeção melancólica abre um espaço que não é nem a alucinada cena onírica dos fantasmas, nem sequer o mundo indiferente dos objetos naturais. Mas é nesse lugar epifânico intermediário, situado na terra de ninguém, entre o amor narcisista de si e a escolha objetual externa, que um dia poderão ser colocadas as criações da cultura humana, o* entrebescar *das formas simbólicas e das práticas textuais. (Agamben, 2007, p. 53, grifo do original)*

A melancolia, portanto, como lugar fantasmático visando à obtenção de um objeto tido como perdido, porque inalcançável, indica algo do lugar igualmente intermediário do luto, entre o amor narcísico e a escolha de objeto, o dentro e o fora, o Eu e o mundo, face à perda de um ser amado. Que Freud tenha eleito o luto como processo "normal", cujo modelo serviria como base para a compreensão da melancolia, explica-se pela longa tradição de vínculo entre esta e a perda. Mas, assim como inseriu a psicanálise em um lugar único nos estudos sobre a melancolia – ainda que se servindo de tradições de pensamento longínquas, das quais, portanto, ela é tributária –, Freud igualmente acabou por conferir à sua disciplina uma posição inédita na longa tradição do pensamento ocidental sobre a morte e as formas culturais e psíquicas que lhe dão diferentes destinos.

Da morte social à interiorização da perda

Mi luto no fue vestirme de negro, sino quedarme sin risa.

Mario Benedetti

A relação do homem com a morte sofreu importantes modificações ao longo da história da civilização ocidental. Não seria possível aqui abordá-las de forma aprofundada, mas vale destacar que, a despeito das variações temporais e culturais, o luto tradicionalmente se desenvolveu em torno de rituais coletivos, sendo a morte um fato social e, portanto, pertinente à esfera pública.

Ariès (1989) indica que, aproximadamente entre os séculos V e XII, a morte integrava a comunidade de forma bastante íntima, ou domesticada, de acordo com sua nomenclatura própria. Uma das expressões dessa intimidade se demonstrava pela separação tênue e vacilante entre a igreja e o cemitério, pois as pessoas (de maiores posses e *status* da época) eram enterradas no próprio interior das igrejas, ou (no caso daquelas pobres e sem o mesmo *status*) em seus pátios. Não só isso, mas inclusive a circulação por esses espaços em que jaziam os mortos se dava sem quaisquer constrangimentos, de modo que inclusive encontros e festividades ocorriam ali.

Quando alguém tomava ciência da proximidade da própria morte, era comum que se iniciasse um processo de revisão de seus pecados e reconciliação com Deus, abrindo assim as possibilidades de entrada no paraíso, evitando-se a terrível ameaça do inferno, mas a morte em si não despertava a mesma sensibilidade que nos dias atuais. Para Ariès (1989), a morte, como a vivemos atualmente, seria selvagem, diferentemente da morte domada (na medida em que era próxima e familiar) da época anterior.

A partir do século XI e até meados do século XV (na Baixa Idade Média), contudo, a consolidação da Igreja impulsionou mudanças importantes na relação com a morte. O medo e o horror passaram a marcá-la mais significativamente, atrelando-a mais fortemente à ideia do fim da existência, e menos àquela de uma passagem que se faria de um reino a outro.

A fé na continuidade da alma não foi com isso perdida, mas a existência deixou de ser tão transcendental quanto antes, quando a morte era uma espécie de "libertação da alma (imaterial e mortal) de seu invólucro terrestre" (Schmitt, 2014, p. 15), passando a ganhar maior destaque aquilo que havia caracterizado a existência terrena, a partir de um desenvolvimento de uma maior "consciência de si" humana.

> *A noção de identidade pessoal progredia na medida em que práticas relativas à privacidade, como a confissão, o diário e a escritura de cartas pessoais, entre outras, emergiam. A arte dedicava-se cada vez mais ao retrato; a Igreja incentivava a confissão – a narrativa dos próprios pecados. Os cuidados com o corpo aumentam, uma vez que se reconhece, nele, o vínculo com essa existência terrena valorizada. (Schmitt, 2014, pp. 15-16)*

A ênfase até então dedicada às representações coletivas, que antes recaíam sobre o julgamento relativo à ressurreição, passou então a se deslocar no sentido de uma individualização em que a biografia (e, portanto, as relações significativas mantidas em vida) ganhou crescente destaque. Um dos efeitos dessa transformação foi a substituição das sepulturas coletivas nas igrejas por túmulos individuais, que concentravam especificamente a memória de cada um dos mortos.

A morte que havia sido, nos termos de Ariès (1989), uma morte de si (na medida em que era centrada no próprio indivíduo submetido ao destino coletivo), a partir da ênfase colocada sobre a perda e a separação, converteu-se na morte do outro. Com o século XVI, a dor apaixonada daqueles que sobreviveram à perda de um ser amado tornara-se mais pungente, o que trouxe à representação social da morte uma ligação bastante mais íntima à violência da ruptura. Gradualmente a família sobrepôs-se à comunidade, e o acento passou a recair na separação do outro, de forma que o que antes era uma preparação apoiada na reflexão sobre a própria morte transformou-se em dor pela perda de um ser amado.

Se, desde o século XVII, a lembrança dos mortos é cultuada por meio de visitas aos seus túmulos, com o romantismo, a "bela morte" – dissociada do mal com a queda do poder exercido pelo inferno sobre as mentes – passou a viger como promessa de um encontro no além-túmulo. A bela morte romântica portava a marca de uma especial sensibilidade que ressaltava a dor da perda, o sofrimento do sobrevivente, mas ao mesmo tempo mantinha a memória do morto, cultivando-a. Essa experiência de morte, assim como ocorria com a cópula e o nascimento (as três experiências humanas fundamentais), portava a marca de uma familiar proximidade:

> *as crianças eram convidadas a pensar sobre a morte, sobre sua própria morte, e aos instrutivos e premonitórios*

> *sepultamentos alheios. Durante o século XIX, quando a taxa de mortalidade era elevada, raros foram os que não testemunharam, ao menos uma vez, uma verdadeira agonia, ou que não tenham participado de uma cerimônia fúnebre. Os funerais eram ocasiões de grande ostentação, tanto na classe operária quanto na classe média e na aristocracia. Os cemitérios eram o centro de cada velha aldeia, e os que se localizavam em cidades tinham, em geral, uma posição privilegiada. (Gorer, 1995, citado por Laufer, 2012, p. 17)*

A localização geográfica dos cemitérios, lembrou Gorer (1995), indicava a familiaridade da morte próxima e instituída no seio da comunidade, que assim era atingida como um todo. Alguns traços dos costumes que marcavam tal atitude perante a morte ainda podem (cada vez mais raramente) ser vistos em pequenas comunidades relativamente isoladas, especialmente de cultura latina – católica ou protestante. Numa aldeia, por exemplo, a morte de alguém modificava o tempo e o espaço de toda a comunidade. Na minuciosa descrição de Ariès (1990):

> *Fechavam-se as venezianas do quarto do agonizante, ascendiam-se as velas, punha-se água benta: a casa enchia-se de vizinhos, de parentes, de amigos murmurantes e sérios. O sino dobrava a finados na igreja de onde saía a pequena procissão que levava o* Corpus Christi. *Depois da morte, afixava-se na entrada um aviso de luto (que substituía a antiga exposição do corpo ou do caixão na porta, costume já abandonado). Pela porta entreaberta, única abertura da casa que não fora fechada, entravam todos os que, por amizade ou convenção, se sentiam obrigados a uma última visita.*

> *O serviço na igreja reunia toda a comunidade, inclusive os retardatários que esperavam o fim do ofício para se apresentarem; depois do longo desfile de pêsames, um lento cortejo, saudado à passagem, acompanhava o caixão ao cemitério. Mas as coisas não acabavam aí. O período de luto era cheio de visitas: da família ao cemitério, dos parentes e amigos à família... Depois, pouco a pouco, a vida retomava seu curso normal, e já não restavam senão visitas espaçadas ao cemitério. O grupo social tinha sido atingido pela morte e reagira coletivamente, a começar pela família mais próxima, estendendo-se até o círculo mais amplo das relações e das clientelas. . . . não era apenas um indivíduo que desaparecia, mas a sociedade que era atingida e que precisava ser cicatrizada. (pp. 612-613)*

Ariès descreve, por suposto, um fenômeno não generalizável. No entanto, a realidade dos rituais de alguns dos povos indígenas brasileiros (como se observa pelo ritual "reahu", por exemplo), embora sejam substancialmente diferentes em suas práticas, demonstram como a centralidade da morte na vida coletiva constitui até o presente um pilar da organização social de suas comunidades.

Uma forma nova de inserção social da morte, entretanto, surgiu ao longo do século XX, em áreas de industrialização e urbanização tecnicamente avançadas do Ocidente. Nela, não só a morte de um indivíduo praticamente não afeta a sociedade em sua continuidade como o fenômeno da morte em si tende a ser cada vez mais afastado do campo público e social.

Esse é um processo que pode ser observado ao menos desde a metade do século XIX. Até então, por exemplo, quando se descobria o fim próximo de alguém, isso costumeiramente era anunciado diretamente e abordado francamente, por mais incômodo que o tema pudesse ser. Mas, aproximadamente a partir desse momento histórico, o até então natural aviso foi-se tornando cada vez mais penoso, até chegar a ser evitado e passar a ser substituído por simulações, preenchido por eufemismos. *A morte de Ivan Ilitch*, de Tolstói, marca, nesse sentido, um tocante testemunho da morte tornada estranha, medonha e assustadora (Ariès, 1990).

O medo da morte alastrou-se, tornando-a incompreensível e selvagem. Não só isso. A morte tornou-se progressivamente suja; os cadáveres passaram a ser evitados e a despertar horror, o que eventualmente culminou na transferência da morte para o hospital, circunscrevendo-a a um ambiente isolado do espaço social. Uma ocasião majoritariamente solitária que se tornou o modo padrão contemporâneo de morrer, substituindo o processo anteriormente comum da morte em casa, em meio a familiares e amigos.

Comparando-a à forma como o sexo era experienciado na era vitoriana, Geoffrey Gorer (1965) ressaltou o caráter vergonhoso que começara a circundar a morte, tutelando-a por meio de diversos interditos por se haver tornado indecente, ao opor-se ao valor burguês da limpeza. Desse modo, o luto, ao contrário do que ocorrera até então, tornou-se algo a ser guardado no coração do sobrevivente, algo no máximo tolerado, contanto que se restringisse ao campo da intimidade, enquanto sua manifestação pública fez-se gradualmente sinônimo de morbidez, fraqueza de caráter, ou, por último, mas não menos importante, doença.

A isso correspondeu uma espécie de mudança de tabus. Se a sexualidade se tornara menos velada que na época clássica, a morte, em contrapartida, passou a ser cada vez mais apartada da esfera social e coletiva, e os afetos a ela atrelados tornaram-se indesejáveis:

> *Já não são as crianças que nascem nas couves mas os mortos que desaparecem entre as flores. Os parentes dos mortos são assim constrangidos a simular indiferença. A sociedade exige deles um autodomínio que corresponde à decência ou à dignidade que impõe aos moribundos. No caso do moribundo, como no do sobrevivente, importa que as emoções não se manifestem. A sociedade inteira comporta-se como a unidade hospitalar. (Ariès, 1989, p. 161)*

Os mecanismos antes habitualmente atuantes na repressão sexual foram os mesmos que passaram a ser observados na censura à morte. Assim como a masturbação, rechaçada, mas tolerada privada e furtivamente, pensou Gorer (1965), o luto tornou-se interditado publicamente, e ao enlutado restou o dever de recato.

Então, com o advento da Primeira Guerra Mundial, essa espécie de inversão na abordagem humana do fenômeno da morte ao longo dos séculos chegou a seu ápice. Em decorrência das novas tecnologias bélicas, o nível de destrutividade que se alcançou no conflito era inédito. Como consequência, os rituais públicos de luto, que já vinham em lento declínio, entraram definitivamente em decadência.

> *O excesso de mortes – e enlutados – era muito mais extremo e concentrado do que em guerras anteriores, e a comunidade foi forçada a fazer mudanças muito profundas. Que sentido faria para uma comunidade ficar de luto por cada soldado morto quando os cadáveres raramente eram contados? (Leader, 2011, p. 78)*

E é significativo que "Luto e melancolia" (1917/1992t) tenha sido escrito justamente no momento em que, com a inscrição social da morte sendo gradualmente extinta, o luto acabara por ser marcado pela interdição. Foi justamente durante a Primeira Guerra Mundial que Freud se debruçou em seus textos diretamente sobre os temas da morte e do luto.

Com o despojamento dos ritos e, portanto, a impossibilidade do pranto intermediado em conjunto no espaço comum, a morte induziu o luto ao ato. Por isso a perda se fez seca, como pensou Allouch (2004).

Escritos no momento em que o Ocidente deslizava da "exaltação romântica da morte para sua exclusão" (Allouch, 2004, p. 146), a concepção de luto presente nos textos freudianos de 1915 a 1917 (Freud, 1915/1992o; 1916/1992q; 1917/1992t) - embora tenha sido objeto de críticas por supostamente não ter levado em conta o caráter público do luto (e, portanto, o papel do terceiro para além da relação morto-enlutado) e, ainda, por sua dívida com o Romantismo - é inegavelmente inovadora, justamente por desvelar um campo intrapsíquico até então desconhecido. Não que o sofrimento estivesse ausente no luto, cuja própria raiz etimológica ("*luctus*") liga-se à dor, ao pesar; mas, como reconhece Allouch, Freud encontra um lugar "interno" para um fenômeno que se tornava socialmente impossibilitado:

> *Esse interdito (do luto social) não deixará de ter consequências "médicas", já que, daí por diante, o luto "normal" vai ser recebido como patológico. Ora, é sobre esse ponto mesmo que "Luto e melancolia" parece, de fato, ser uma resposta. Há, afirma esse texto (mas indiretamente, mas bem amplamente à sua revelia), um luto normal, a prova é que ele se diferencia do luto patológico e também desse outro luto patológico que é a melancolia. Certo, prossegue, não há mais luto social;*

> *mas isso não deixa o enlutado absolutamente desmunido, pois resta-lhe o luto psíquico, e até intrapsíquico. Freud, de certo modo, cede terreno a seu adversário (a erradicação radical do luto), mas como que para melhor reconquistar-lhe ao menos uma parte. (Allouch, 2004, p. 153)*

Iniciativas comunitárias face ao luto, especialmente quando atreladas a mortes ocorridas em contextos sociais traumáticos, mantêm um potencial simbólico cuja relevância não pode ser ignorada. Entretanto, é inegável que, de modo geral, os rituais de luto tradicionais perderam parte significativa de sua eficácia.

Que a dor da morte se tenha deslocado dos rituais coletivos ao consultório, a experiência clínica cotidiana o demonstra. Um jovem que acabara de perder seu avô exemplifica essa condição. Ele relatou-me justamente como todo o ritual em torno do velório lhe pareceu absolutamente artificial e sem importância, os presentes transformando a despedida em uma grande festa denegatória da morte que ali atestavam, de forma que, para "viver seu luto", ele precisou isolar-se em um lugar afastado e silencioso do cemitério e, depois, em sessão, iniciaria um trabalho de ressignificação de cada um dos elementos rituais do velório, tentando traduzi-los em uma versão singular, para então os dotar de sentido. Os símbolos religiosos, as preces, a exposição do corpo e o modo de seu enterro, o tempo, tudo aquilo que antes havia seguido os protocolos exigidos, mas que os presentes pareciam insistir em desvincular de demonstrações demasiadamente ligadas ao sofrimento, teve de ser revivido na análise, para só depois de um longo processo ele poder sentir-se autorizado, de fato, a sofrer.

As idiossincrasias da modalidade contemporânea de sofrimento do luto trazem, portanto, como signo uma espécie de interdição do luto como fenômeno público, reservando ao intrapsíquico uma tarefa árdua e, muitas vezes, solitária. Interpelar o papel único exercido pelas elaborações analíticas nesse estado de coisas demanda dedicarmo-nos às produções que vieram à luz em meio à Grande Guerra, em um momento de investigações metapsicológicas que não permitiam separar acontecimentos sociais, obra e o homem Freud, pois foi também a partir de sua própria posição face à morte e à perda que o luto obteve seu próprio estatuto em psicanálise.

Freud, a morte e o luto

> *É que para mim este livro possui outro significado, subjetivo, que somente depois de terminá-lo pude compreender. Percebi que era parte de minha autoanálise, que era minha reação frente à morte de meu pai, quer dizer, frente ao acontecimento mais significativo e à perda mais terrível na vida de um homem. Depois que o reconheci, senti-me incapaz de apagar as marcas dessa influência.*
>
> Sigmund Freud[1]

Encontra-se no prólogo da segunda edição de *A interpretação dos sonhos* esse tocante testemunho de Freud (1900/1992h, p. 20), revelador de que o livro inaugural da psicanálise veio à luz no seio de um processo de luto de seu criador. Também nele encontramos o famoso sonho "pede-se fechar os olhos" (Freud, 1900/1992h, p. 323), frase enigmática que aparece em um sonho de Freud na noite posterior à morte de seu pai, que se revela prenhe de sentidos relativos a seu luto, um dos quais se referindo ao ato de realizar um rito funerário de preparação para que se permita a partida dos

1 Esta e demais traduções das obras de Freud (edição da Amarrortu) são minhas.

mortos. Fechar seus olhos, para que Caronte possa transportá-lo pelas águas do Aqueronte, o mesmo que Freud evoca na epígrafe de *A interpretação dos sonhos*: "Flectere si nequeo superos, Acheronta movebo!" ("Se não posso mover os deuses de cima, moverei o Aqueronte"), aquele que leva às portas de Hades, à terra dos mortos.

Com efeito, a própria história da gênese do método porta marcas indeléveis dos lutos de Freud. Fuss e Sanders (2015), a esse respeito, apoiando-se nas fotografias de Edmund Engelman,[2] analisaram cuidadosamente a configuração do consultório de Freud, berço da psicanálise,[3] decorado com a bela e impressionante coleção de antiguidades – que lhe serviu de metáfora arqueológica tantas vezes – iniciada logo após a morte de seu pai. "Não há qualquer dúvida", diz-nos Fédida (2009), de que "a morte de seu pai desempenhou um papel decisivo nessa interiorização psíquica dos objetos culturais da memória" (p. 67), o luto pelo pai solicitando de Freud "uma forma mnésica particular de conservação". Assim, a acumulação de peças exumadas dos solos de civilizações se assemelharia a uma espécie de "delírio de morte", que "exige das figuras que tomem lugar de guardiães de tumba" (p. 67).

Conta Monique Schneider (1993a) que, respondendo a um paciente que questionava a possibilidade de acessar recordações muito antigas que o psicanalista afirmava encontrarem-se intactas

2 Fotojornalista solicitado por August Aichhorn a fotografar a Berggasse 19 às vésperas do exílio de Freud para Londres, sem chamar atenção da Gestapo, que, desde a anexação da Áustria à Alemanha por Hitler, dois meses antes, mantinha constante vigilância sobre as casas dos intelectuais judeus. Objetivava-se assim criar e manter um inventário que possibilitaria, como de fato ocorreu, a instalação de um museu que guardasse a memória da casa em que nasceu a psicanálise.

3 Localizado no Ring Theater, em Viena, erigido em memória das vítimas (sendo parte do dinheiro dos aluguéis pagos destinada aos órfãos) de um terrível incêndio em 1881, que deixou seiscentos mortos.

em seu inconsciente, Freud apontou para as estatuetas sobre a mesa e afirmou que foi justamente seu sepultamento o que as preservou da destruição. É a perpetuação daquilo que se oculta pelo sepultamento que protege e assim mantém intacta no inconsciente a memória.

As pesquisas arqueológicas não somente serviram de metáfora reveladora da presença da morte e seus rituais na fundação do método psicanalítico, mas seus próprios objetos (estátuas, máscaras, imagens funerárias) integravam o *setting* inaugural da psicanálise – no quadro transferencial, portanto ali estabelecido entre Freud e seus pacientes – com inquietante proximidade. Se a neutralidade era prescrita por Freud quanto à palavra e ao gesto, o extraordinário campo de visão de seu consultório deixava aberto o caminho para que fantasias se movessem em torno dessas imagens, formas de conservação e apresentação dos mortos (Laufer, 2006).

Anos mais tarde, quando a guerra trouxe à tona velhos fantasmas de morte, com seus próprios filhos em combate, Freud interessantemente relatou a Ferenczi como de fato uma função específica podia ser conferida a essas peças:

> *Não consigo trabalhar em absoluto. . . . Noto em mim que estou mais irritado, e continuamente me trava a língua, como acontece com muita gente, certamente. Os nossos, aqueles com quem travo contato, padecem em estado similar. Para não sentir a monotonia, Rank se porá amanhã a catalogar minha biblioteca, e eu me inventei um divertimento parecido: estou fazendo um registro de minhas antiguidades e as estudo e descrevo peça por peça.*[4] *(Freud & Ferenczi, 2001, p. 55)*[5]

---

4 Carta de Freud a Ferenczi de 23 de agosto de 1914.

5 Esta e as demais traduções da obra de Freud & Ferenczi são minhas.

E foi somente então, com o advento da guerra, que a morte adentrou pela porta da frente a obra de Freud. Paradoxalmente, uma época de tamanha desesperança e destruição foi a mesma que testemunhou o nascimento do conjunto de textos dedicados a uma das mais criativas invenções analíticas: a metapsicologia.[6]

No umbral da Grande Guerra, Freud trouxe para o centro de suas preocupações matizes do humano em relação à cultura e a sua sofrível adaptação ao projeto civilizatório. Nesse contexto, as formulações diretamente ligadas ao luto surgiram vinculadas às desilusões e perdas que a humanidade enfrentava ao se deparar com a violência de um mundo horrendo que se descortinava diante de seus olhos.

Em 25 de novembro de 1914, Freud escreveu a Lou Andreas-Salomé:

> *Não tenho dúvidas de que a humanidade sobreviverá até mesmo a esta guerra, mas tenho certeza de que para mim e meus contemporâneos o mundo jamais será novamente um lugar feliz. Ele é demasiado horrendo. E o mais triste de tudo é que se trata exatamente do modo pelo qual deveríamos ter esperado que as pessoas se comportassem, a partir do nosso conhecimento da psicanálise. Devido a essa atitude com relação à humanidade, nunca pude concordar com o seu jubiloso otimismo. Minha conclusão secreta sempre foi: desde*

6 Peter Gay nota, a esse respeito, que, "Para o historiador da cultura, o impacto da catástrofe tem algo de paradoxal. A maioria dos movimentos artísticos, literários e intelectuais que fariam dos anos 1920 uma década tão excitante e inovadora tinha se originado bem antes de 1914: a arquitetura funcional, a pintura abstrata, a música dodecafônica, os romances experimentais – e a psicanálise. Simultaneamente, a guerra destruiu um mundo para sempre" (Gay, 1989, p. 318).

> *que só podemos considerar a mais elevada civilização atual como carregada de uma enorme hipocrisia, conclui-se que somos organicamente inadequados a ela. ... Sei que a ciência o está apenas aparentemente, mas a humanidade parece estar morta realmente. (Freud & Andreas-Salomé, 1975, p. 35)*

Ao passo que lembrava ser a psicanálise reveladora dos aspectos mais sombrios da humanidade, Freud seguia buscando majoritariamente, como ressalta Roudinesco (2016), na literatura e na mitologia a validação de suas hipóteses. Quanto às suas reflexões, especialmente em seu então recente estudo acerca do narcisismo, não percebia que "não escapavam à evolução mortífera desse mundo, do qual ele já sentia saudade. Freud via-se como criador de uma doutrina sem imaginar que esta também pudesse ser produto de uma história que ele não dominava" (p. 205).

Ao publicar o trabalho sobre o narcisismo em junho de 1914 (1914/1992n), Freud ansiava por suas férias após um árduo ano, quando levaria a cabo a continuidade das ideias que vinha desenvolvendo. Mas seus pensamentos se viram bruscamente desconcertados pelos brutais acontecimentos ao seu redor. Em cerca de um mês, descobriria que não haveria tempo e disposição para levar adiante, ao menos por ora, a "direção subversiva que seu pensamento vinha tomando. Enquanto Freud se dirigia para grandes revisões, a civilização ocidental enlouquecia" (Gay, 1989, p. 317).

No dia 28 de junho de 1914, relatam os biógrafos de Freud (Gay, 1989; Rodrigué, 1995; Roudinesco, 2016), o Homem dos Lobos passeava tranquilamente pelo Prater em Viena, pensando em sua análise, com a qual se satisfazia e que se aproximava do fim, quando, chegando em casa, recebeu a atordoante notícia do assassinato de Francisco Ferdinando, evento habitualmente considerado o estopim da Primeira Guerra. Gay nota a irônica coincidência contida em uma carta enviada por Freud a Abraham apenas três dias antes. Informando-o da publicação da "História do movimento psicanalítico", disse-lhe que "agora a bomba explodiu", desconhecendo a eclosão das bombas que seriam verdadeiramente detonadas em apenas seis semanas.

Essa guerra em nada lembrava as guerras de séculos anteriores, em que exércitos uniformizados, com clarins e cânticos de vitória e morte, se enfrentavam em lutas sangrentas à luz do dia. Agora, combates eram travados pelos ares e no fundo dos oceanos, "no mar, na terra, nas trincheiras de lama, devastadas por gases tóxicos e juncadas de corpos mutilados" (Roudinesco, 2016, p. 203).

O impacto no movimento psicanalítico foi expressivo e quase imediato. Congressos foram cancelados; publicações, interrompidas; e o trabalho reduzido enormemente. Os membros do Comitê foram alistados: Eitingon foi para Praga, pela Áustria; Abraham foi enviado a um hospital da Prússia Oriental; Rank, à Cracóvia; e Ferenczi lotado como médico das tropas húngaras. Freud ficou em Viena com Sachs, Martha, Anna e Minna, em um cotidiano permeado pelo temor em relação aos filhos (Martin, Olivier, Ernst, além do genro Max), todos em diferentes frentes.

Quanto a Freud, após um ligeiro e incomum fervor nacionalista, percebeu a gravidade e o horror dos acontecimentos em todo seu potencial. Aos 59 anos, se viu tomado pelas questões da morte dos outros e da própria. Em 1914, sem poder aguentar a guerra, morreria o seu querido meio-irmão Emanuel. Sua atividade onírica foi tomada por sonhos em que via a morte dos filhos, de discípulos, terríveis ferimentos, campos de batalha.

> *Em resumo, vivia obcecado pela ideia de que a potência mortífera das pulsões inconscientes ameaçava as*

> *formas mais elevadas da civilização humana. . . . Seu belicismo dos começos foi se transformando num desespero. Foi percebendo que a guerra desvela a crueldade humana, degrada os valores sociais e perturba a relação dos homens com a morte. (Roudinesco, 2016, p. 206)*

Ferenczi, então já um de seus mais próximos colaboradores, relataria também a Freud o "vazio intelectual e anímico" que lhe acometia desde que estourara a guerra, cujo entusiasmo bélico despertado considerava "anacrônico" e o fazia sentir-se "estranho", trazendo-lhe reflexões sobre o "verdadeiro estado cultural" da sociedade (Freud & Ferenczi, 2001, p. 54).

No fim de 1914, é Freud quem escreve a Ferenczi, sublinhando o paradoxal efeito da guerra, comparando-se aos alemães cujos primeiros êxitos foram um tanto assombrosos e ocorreram com surpreendente facilidade. No entanto, passada essa fase, Freud relatou estar diante de questões muito difíceis a resolver, questões que não estava seguro de dominar. De todo modo, em meio à escassez geral, tendo ele nesse momento dois pacientes apenas, notou que a guerra lhe deixaria tempo para tentativas e experimentações diversas (Freud & Ferenczi, 2001).

Dois meses depois, Freud enviaria a Ferenczi, pedindo-lhe que remetesse a Abraham, o esboço do que seria "Luto e melancolia" (1917/1992t). A escrita em um exíguo intervalo de tempo desse texto, de "Complemento metapsicológico à teoria dos sonhos" (1917/1992s), bem como as ideias proximamente estabelecidas em "Pulsões e seus destinos" (1915/1992p), permitem trabalhar com a perspectiva de que se trata de um mesmo conjunto de elaborações de seu autor. De fato, seu conteúdo exibe certas linhas de raciocínio, algumas das quais explicitamente articuladas; outras, não.

Esse conjunto não continua ininterruptamente até o momento em que a morte assume o estatuto de pulsão, mas novamente a distância temporal e o contexto sociocultural o aproximam no sentido de que a morte e a destruição encontram lugar na obra de Freud justamente no momento mais sombrio que até então vivera.

Sabe-se que, em "Além do princípio do prazer", publicado em 1920 (1920/1992u), um além ou aquém da representação ganha destaque no pensamento psicanalítico, as pulsões sendo atualizadas diretamente no agir compulsivo, na reação terapêutica negativa, na repetição do destino. Freud caracteriza então o psiquismo com a metáfora de uma vesícula que desenvolveria uma película, uma camada que protegeria as camadas mais profundas com sua própria morte contra os estímulos vindos do exterior, sendo o traumático caracterizado pela ruptura dessa barreira, o que impõe ao psiquismo uma quantidade tal de estímulos que ele é incapaz de dominar.

Pois bem, o contexto em que esse trabalho sobre morte é anunciado é digno de nota. Numa carta a Andreas-Salomé de 1 de agosto de 1919, Freud lhe comunica o suicídio do "pobre Tausk", que havia voltado "abatido com os horrores da guerra". Em seguida, relata cartas afetuosas que este lhe havia enviado e aos próximos, que "insistiam na clareza de sua mente, e culpavam apenas sua inaptidão e seu fracasso na vida. Portanto, não trouxeram nenhuma chave para seu último ato". Então, observa que, "em sua carta para mim, jurava uma lealdade imorredoura para com a psicanálise, agradecia-me etc. Mas o que estava por trás disso tudo não podemos adivinhar. Afinal, ele passou seus dias lutando corpo a corpo com o fantasma do pai", e confessa que esse genial mas conturbado discípulo não lhe podia mais ser útil e "até mesmo que constituía uma ameaça para o futuro". Freud é categórico: "Confesso que não sinto realmente sua falta" (Freud & Andreas-Salomé, 1975, p. 132).

Então, subitamente, no parágrafo seguinte, sem qualquer explicação, anuncia: "Para a minha velhice escolhi o tema da morte. Defrontei-me com uma noção notável baseada em minha teoria dos instintos e agora preciso ler todo o tipo de coisa a ela pertinente, como, por exemplo, Schopenhauer, pela primeira vez. Mas não gosto de ler" (Freud & Andreas-Salomé, 1975, p. 132). Saltando do comunicado acerca do suicídio de um discípulo atormentado pelo fantasma do pai, de quem não sentiria falta alguma, Freud simplesmente faz surgir o tema da morte e de sua própria morte, de modo aparentemente despretensioso.

Rodrigué (1995) considera, como muitos outros, que "Além do princípio do prazer" é um "filho da guerra". Não no sentido de que a queda da monarquia dos Habsburgo levasse Freud a pensar na pulsão de morte, pois isso não representou para ele nenhuma tragédia. No entanto, ainda que a vida não explique diretamente a obra, "existem vasos comunicantes", diz-nos. Certos eventos, por sua força, pelo impacto que causam, têm a capacidade de alterar a realidade, com

> *propriedades de uma interpretação de dimensões planetárias. Tal seria o caso de Hiroshima, da Shoah ou da Primeira Guerra Mundial. Sendo assim, Freud é interpretado pela Guerra: "estamos nos comendo uns aos outros...", escreve a Ferenczi em janeiro de 1919. Dois meses depois, começa a escrever seu "Além...". (Rodrigué, 1995, p. 421)*

Enfrentando a escassez de recursos, de comida, o medo iminente da morte de seus filhos, as rupturas (e suicídios) no seio da comunidade psicanalítica, o destino desferiu ainda dois pesados golpes a Freud em 1920. Anton von Freund, acometido por uma grave neurose, havia sido tratado por Freud dois anos antes após a operação de um sarcoma, que acabou por lhe tirar a vida nesse ano. Enormemente grato a Freud, Anton, que era um rico cervejeiro, forneceu substancial financiamento às publicações psicanalíticas e mesmo auxílio pessoal a Freud durante o pós-guerra, representando para ele um marco de esperança de boa ventura face ao cenário de miséria e destruição em que então vivia. Por isso, e pela bonita relação de amizade que desenvolveram, sua morte foi um duro baque para Freud.

E o pior ainda estava por vir. Von Freund mal havia sido sepultado quando chegaram as primeiras notícias da grave doença de Sophie, filha absolutamente adorada por Freud, cujo luto ele reconheceria jamais ter encontrado fim (Freud, 1966, p. 431).

Ferenczi, preocupado com o efeito desse terrível golpe em Freud, escreveu-lhe, e este lhe respondeu novamente de forma um tanto estranha e paradoxal. Rodrigué cita a correspondência:

> *Não se preocupe comigo. Sou exatamente o mesmo, com exceção de um pouco mais de cansaço. O acontecimento fatal, embora penoso, não foi capaz de abalar minha atitude em relação à vida. Durante anos, estive preparado para a morte de meus filhos (no campo de batalha), o que acabou ocorrendo com minha filha. Como sou profundamente irreligioso, não há ninguém a quem eu possa acusar, e sei que não há lugar algum ao qual se possa endereçar qualquer queixa. "O invariável círculo dos deveres de um soldado" e o "doce hábito da existência" cuidarão para que as coisas fiquem como antes. No meu íntimo, posso perceber o sentimento de uma profunda ferida narcísica que não será curada. Minha mulher e Annerl estão terrivelmente abaladas,*

> *mas de uma maneira mais humana. (Freud, citado por Rodrigué, 1995, p. 430)*

Outra parte peculiar da história desse ensaio ocorreu quando Freud pediu a Eitingon que testemunhasse que ele já havia escrito "Além do princípio do prazer" quando Sophie ainda se encontrava com sua saúde inabalada, imaginando que as pessoas fossem inferir justamente que seus pensamentos sobre uma pulsão de morte tivessem sido evocados pelo luto de Sophie. Foi precisamente o que um de seus primeiros biógrafos, Wittels, fez, ao que Freud respondeu afirmando compreendê-lo, que teria pensado o mesmo tivesse isso ocorrido com outra pessoa, mas que, como atestado, não procederia.

Rodrigué, então, lançando mão de uma hipótese especulativa, mas plausível, aborda o luto de Freud em relação ao luto de Ernst, filho de Sophie que figura em "Além do princípio do prazer" como o famoso "menino do carretel".

> *Chama atenção que Freud faça questão de desvincular o livro do luto de Sophie. Para mim, o problema é outro. Retomemos, então, a história do* "fort-da"*. Minha flecha é a seguinte: esse jogo foi ressignificado com a morte da mãe. Daí, talvez, a nota de rodapé afirmando: "Quando o menino tinha 5 anos e 9 meses, a mãe morreu. Agora que ela tinha realmente 'ido-o-o-o', ele não mostrou sinais de luto". Talvez tenha sido esta premonição o que levou Freud a pensar que seu luto – como o de Ernst – não era humano. Por outra parte, o "Além" foi o carretel de Freud. (Rodrigué, 1995, p. 431)*

Claro está que não se pode atribuir as elaborações contidas em "Além do princípio do prazer" unicamente a lutos não pensados de Freud, pois, como argumentou Pontalis (2005), quaisquer que tenham sido os "motivos pessoais (lutos) ou coletivos (hecatombe da Grande Guerra que também faz da Razão um cadáver) que tenham levado Freud a propor, sem prova clínica decisiva, um princípio além do par princípio de prazer – princípio de realidade", as hipóteses ali contidas são conduzidas por "uma *exigência* do pensamento, exigência análoga ao desejo que procura irrefreavelmente encontrar seu caminho na verdade" (p. 258, grifo do original).

A despeito da inegável lógica interna do pensamento freudiano, os marcos de vida e marcas traumáticas de Freud, inseridos em sua época e tempo, lhe impuseram limitações de diversas ordens, mas também suscitaram reflexões muito ricas que nem sempre foram absorvidas pela posição "oficial" sobre o tema do luto exposta em sua produção formal. Como não poderia deixar de ser, nem todos os elementos metapsicológicos disponíveis chegaram a ser completamente integrados às elaborações relativas à morte e ao luto nos textos em que Freud se dedica diretamente ao tema.

O luto na obra freudiana

Nós nos comportamos como os Asra, que
morrem quando morrem aqueles que amam.
Sigmund Freud

Um breve recenseamento demonstra que, ao longo de décadas, o tema do luto esteve presente nos textos de Freud, usualmente não como objeto direto de estudo, mas de forma complementar a outros interesses. Desde escritos tão longínquos como o "Manuscrito

G", de 1895 (1895/1992c), até "Dostoiévski e o parricídio", de 1928 (1928/1992z), o luto é abordado por vezes como adendo; outras, como suporte; ou, ainda, em contraposição a uma série de outras considerações que ocupam o primeiro plano. Isso, evidentemente, considerando-se as abordagens diretas, pois desenvolvimentos acerca de tópicos inerentes ao luto, mas não subsumíveis a ele, como perdas e separações de forma mais geral, ocupam praticamente todos os momentos significativos de sua produção.

É possível, portanto, salvo poucas exceções, traçar os modos de abordagem do tema do luto na obra freudiana em relação à melancolia e processos a ela inerentes, como culpa, autoacusações etc. – como nos manuscritos G (1895/1992c) e N (1897/1992g), e retomado muito depois, por exemplo, em "Uma neurose demoníaca no século XVII" (1923/1992x) –, bem como processos patológicos de forma geral (a neurose obsessiva, por exemplo). Algumas das ideias que serão desenvolvidas e diretamente relacionadas ao tema a partir de 1915 encontram seus germes em escritos anteriores ao nascimento propriamente dito da psicanálise. No "Manuscrito K" (1896/1992e), por exemplo, o luto é aproximado da *amentia alucinatoria* de Meynert, condição que seria retomada em "Luto e melancolia" (1917/1992t) na forma da psicose alucinatória de desejo, embora os textos não cheguem a ser exatamente articulados.

Elisabeth von R., "primeira análise completa de uma histeria" (Breuer & Freud, 1893-1895/1992, p. 6), é um caso permeado de perdas que a jovem teve de suportar: de seu pai, de quem cuidou incansavelmente até seu fim; de sua irmã, vítima de uma condição cardíaca similar à do pai; de seus ideais. A ênfase no texto recaiu sobre o enamoramento pelo cunhado, que teve seu significativo quinhão no processo de adoecimento, mas basta lembrarmos que a manifestação patológica se concentrou na mesma perna em que o falecido pai repousava seu pé para ser cuidado por ela para nos recordarmos de que um trabalho de luto se desvelava e imbuía suas identificações dos traços das figuras cujas ausências ocupariam seus sintomas.

Freud reconhece explicitamente, em alguns momentos, sua insatisfação com a compreensão psicanalítica sobre como se daria exatamente um processo de luto, como em *A interpretação dos sonhos*, em que aborda a dificuldade de explicar os sonhos com mortos amados pelo sonhador como decorrente de uma possível ambivalência emocional, sendo a possibilidade de alternância entre vida e morte uma representação do desejo de indiferença entre a morte alheia e a do próprio sonhador como forma de negação, mas declara-se insatisfeito com o que pôde pensar, assim como, em 1910, tratando do suicídio, afirma não haver chegado a uma compreensão psicanalítica do afeto duradouro do luto.

Em "Psicopatologia da vida cotidiana" (1901/1992i, pp. 76-78), Freud relata um lapso de um oficial austríaco após ter enterrado um companheiro cujo cadáver afetou-o profundamente, em meio à agressividade da população local e à humilhação por eles imposta, quando, ao tentar dizer a um outro companheiro que gostaria de sentar sobre a grama (*Gras*), acaba por dizer sepultura (*Grab*), e, ainda, afundar (*Sinken*) uma serenata, em vez de cantar (*Singen*), o que o faz lembrar-se de que aquela era a data da morte de seu pai. Ademais, relaciona o ocorrido ao adoecimento e falecimento de uma parente em período próximo. A coincidência do aniversário de perda tão significativa reatualizada por meio dos lapsos que aludem a um afundamento na sepultura do morto querido, remete a ideias que se tornariam pilares do entendimento dos processos de luto e melancolia, em torno dos jogos identificatórios no interior do eu tomado pela sombra do objeto.

Poucos anos antes dos textos explicitamente dedicados à morte e ao luto, é possível perceber um gradual movimento de expansão da dedicação de Freud a esses temas, imbuído do espírito dos acontecimentos da época, tão impregnada do horror da guerra.

Em 1912, surge a revista *Imago*, dirigida por Freud, que tinha como chefes de redação os fundadores Hanns Sachs e Otto Rank, e como editor Hugo Heller. Tratava-se de um projeto de aplicação da psicanálise às ciências do espírito (Freud, 1914/1992m), em que Freud publica, pela primeira vez, por exemplo, os ensaios que comporiam "Totem e tabu" (1913/1992l), uma de suas mais importantes obras, segundo ele mesmo. Se o projeto de "psicanálise aplicada" mereceu sérias críticas e acabou por não se sustentar como inicialmente proposto, ainda assim a iniciativa desse movimento é significativa pelo que comportava de movimento em direção a interlocuções da e com a psicanálise.

Pouco antes da eclosão da Primeira Guerra Mundial, em meio à crescente tensão entre Freud e Jung, já após a ruptura com Adler, no umbral de transformações teóricas importantes, a revista recebeu seu nome inspirado em um romance escrito por Carl Spitteler, em 1906, então com grande impacto sobre a comunidade psicanalítica. Nele, um poeta cria uma mulher imaginária (Imago), que ocupa em suas "fantasias e devaneios o lugar da burguesa bastante real e muito conformista a quem ele amava com um amor infeliz" (Plon & Roudinesco, 1998, pp. 371-372).

Imago, que nomeia então a revista que buscava aproximar a psicanálise de outras ciências e áreas de conhecimento e debruçar-se sobre a cultura, remete a imagem, representação, retrato, aparência, e deriva do rito funerário romano em que uma máscara de cera era moldada a partir do rosto do morto. Essas máscaras mortuárias, imagens de ancestrais do patriarcado romano, eram depois expostas em locais de honra nos átrios das casas, privilegiadas em relação a estátuas, por exemplo, de modo que os mortos se faziam presentes com o intuito de lembrar aos vivos seu passado, suas origens.

O movimento formalizado com a revista marcou o impulso ocasionado pelas interlocuções da teoria freudiana com diversas áreas do conhecimento e, nesses encontros, o luto vai como que furtivamente ocupando espaço. Em "Totem e tabu" (1913/1992l), por exemplo, para além das discussões na interface com a antropologia em torno do tema da morte do pai, Freud dedica ainda uma seção específica ao tabu dos mortos, a quem chama de "poderosos senhores" que reivindicam uma demarcação, uma separação estrita que significa que, em algumas culturas, mortos e enlutados não podem ser tocados, nem seu alimento, ou, ainda, seus nomes não podem ser pronunciados (p. 58).

Para além dos tabus culturais, Freud encontrou terreno para pôr à prova suas hipóteses metapsicológicas. A ambivalência, pensou, gerada pela liberação das paixões hostis contra o morto desamparado, exige do sobrevivente uma negação de seus sentimentos contrários ao morto por meio de uma projeção, que explica o frequente recurso à figura dos demônios perseguidores. Mas o luto, paradoxalmente, diz Freud, "gosta de ocupar-se do defunto, evocar sua memória e conservá-la o maior tempo possível" (1913/1992l, p. 63). A explicação está na transformação operada sobre as projeções pelo luto.

> *O luto tem uma tarefa psíquica bastante precisa a cumprir: está destinado a desprender do morto as recordações e expectativas do sobrevivente. Consumado esse trabalho, a dor cede e, com ela, o arrependimento e as autoacusações; portanto, também a angústia ante o demônio. Agora, bem, a esses mesmos espíritos, primeiro*

> *temidos como demônios, lhes espera a destinação bem mais benigna de serem venerados como antepassados e invocados como auxiliadores. (Freud, 1913/1992l, p. 71)*

O luto, portanto, se incumbe da tarefa de realizar uma separação por meio de uma espécie de trabalho de depuração que transforma o estatuto do morto. A tarefa do enlutado de desprendimento de sua libido do objeto perdido, o morto, é um dos elementos principais que Freud conserva ao longo da obra, e cujo alcance, de fato, é perceptível pela experiência clínica cotidiana em que o enlutado se acha em um contínuo jogo entre superinvestimento e desinvestimento do objeto perdido. É interessante notar que Freud trata de um tipo de transformação do morto, não de sua substituição, pois o tabu vem a alterar o *status* dos espíritos dos mortos, dotando-os de alguma benevolência, assim podendo perseverar como portadores de uma sabedoria que lhes confere certa autoridade.

A ênfase de "Totem e tabu" é no papel do pai morto, cuja função fundamental é o complexo de Édipo "estrutural", na gênese do Supereu e da lei simbólica, mas a dialética entre conservação e separação do outro remete ao estado do Eu e sua própria constituição, e isso aparece de forma aguda quando o narcisismo se torna objeto de pesquisa de Freud na sequência, em 1914.

Surpreendendo a comunidade psicanalítica e contra-atacando Jung e seu monismo pulsional, Freud publica o trabalho sobre o narcisismo (1914/1992n), reorganizando as pulsões, redefinindo o lugar do autoerotismo e do narcisismo no desenvolvimento do Eu e dos objetos externos, dividindo a libido entre "libido do Eu" e "libido de objeto". Os modos de escolha de objeto são também tratados, sendo divididos entre aqueles que são eleitos narcisicamente e aqueles que o são por apoio.

Abraham, em 1911 (1911/1970a), já havia assentado as bases descritivas de um processo de desinvestimento do objeto e recolhimento da libido ao Eu a partir do estudo da demência precoce. Freud então subverte o dualismo anteriormente estabelecido entre pulsões sexuais (sob jugo do princípio de prazer) e pulsões de autoconservação (sob jugo do princípio de realidade), na medida em que o conceito de narcisismo, justamente ao demonstrar o retorno da libido retirada dos objetos e voltada ao Eu, transforma-o também, ele próprio, em um objeto. Então as pulsões assim reorganizadas exigiriam a discriminação de uma libido narcísica, do Eu, e de uma libido objetal.

Somente em 1920, após estabelecido um novo dualismo entre pulsões de vida e de morte, Freud reconheceria o caráter vacilante desse momento entre um monismo e um dualismo das pulsões, já que a possibilidade de investimento libidinal no próprio Eu torna frágil a sustentação de uma nítida separação entre pulsões sexuais e de autoconservação.

Surge então uma dificuldade metapsicológica em relação à divisão entre um narcisismo primário, em que todo o investimento libidinal estaria em si mesmo no *infans*, e um secundário, cujo protótipo encontra-se na demência precoce, em que haveria uma incorporação pelo investimento libidinal objetal. Após a segunda tópica, a distinção entre autoerotismo e narcisismo é enfraquecida, aproximando-se o narcisismo primário de um estado de certa forma anobjetal. Nesse sentido, Laplanche e Pontalis (2004) observam que a distinção entre um "estado em que as pulsões sexuais se satisfazem de forma anárquica, independentemente umas das outras, e o narcisismo, em que o ego na sua totalidade é tomado como objeto de amor" (p. 288), supõe a coincidêcia entre a predominância do narcisismo infantil com os momentos formadores do Eu.

> [N]*essa perspectiva, em que o ego se define por uma identificação com a imagem de outrem, o narcisismo – mesmo "primário" – não é um estado do qual estaria ausente toda e qualquer relação intersubjetiva, mas a interiorização de uma relação. É essa justamente a concepção que ressalta de um texto como* Luto e melancolia, *onde Freud parece não ver no narcisismo nada mais do que uma "identificação narcísica" com o objeto. (Laplanche & Pontalis, 2004, p. 288)*

A escolha de objeto por apoio é aquela que se dá num movimento de defasagem, de afastamento metonímico entre a parte e o todo, o objeto parcial (o seio) e o total (a mãe), enquanto a escolha narcísica (aquela que Freud afirma ser característica do luto) não é um desvio, mas antes uma espécie de "rotação de um determinado ângulo em torno de um eixo", em que "o movimento é reversível, a libido podendo voltar-se ora para um, ora para outro desses objetos que mantêm entre si uma relação recíproca especular". Esse tipo de escolha (narcísica) opera, pois, "por transporte global, para um outro lugar (da 'intersubjetividade' à 'intra-subjetividade' e vice-versa) da energia e da forma objetal que essa energia mantém" (Laplanche, 1985, p. 81).

Em torno, portanto, das ideias subjacentes ao narcisismo e à identificação, Freud perfaz um percurso – que pode ser identificado já em "Totem e tabu" (1913/1992l) e que se estende até o fim de sua obra, mas que se encontra mais evidentemente até "O Eu e o Isso" (1923/1992w) – em que o singular, o particular e o universal se entrelaçam, já que, na própria formação do Eu, estariam em jogo identificações que operariam no sentido de internalizar relações ao mesmo tempo que o constituiriam.

Nesse contexto, cujo eixo de sustentação foram as pesquisas sobre o narcisismo, as pulsões, descritas como representantes psíquicos das excitações advindas do corpo, são desenvolvidas em torno de suas quatro características: a força, como motor da atividade psíquica; o alvo ou, dito de outro modo, sua satisfação, que não se supõe completa, de modo que existem alvos intermediários, por exemplo; o objeto, que basicamente seria o meio utilizado para atingir seu alvo, sendo, portanto extremamente variável; e, por fim, a fonte, que pode ser localizada no corpo, em um órgão, por exemplo, cuja excitação é então representada no psiquismo. São também quatro os destinos possíveis a uma pulsão: a transformação da pulsão em seu contrário; o retorno para a própria pessoa; o recalque (sobre o qual redigiria, na sequência, um artigo específico) e a sublimação (Freud, 1915/1992p).

O ponto em que Freud trata da transformação da pulsão em seu contrário (que pode ocorrer tanto em relação à transformação de atividade em passividade quanto do conteúdo em seu oposto) nos é especialmente relevante, na medida em que aborda a transformação do amor em ódio, dando ensejo à formulação de que o amor admite três pares de opostos: amar-odiar, amar-ser amado e amar e odiar em conjunto como o oposto da indiferença. A oposição amar-ser amado remete exatamente à transformação da atividade em passividade, remontando à situação subjacente de amar-se a si mesmo, característica própria ao narcisismo. Assim, sendo o sujeito ou o objeto substituído, mantém-se a finalidade ativa de amar, ou a passiva de ser amado.

Três polaridades são então propostas por Freud para compreender a vida anímica em geral: sujeito (Eu) – objeto (mundo exterior); prazer-desprazer e ativo-passivo. Uma situação psíquica originária em que as três polaridades coexistem é justamente o narcisismo. No entanto, com o decorrer das vivências, ocorre um "ulterior desenvolvimento" no Eu. Os objetos prazerosos que lhe são apresentados são por ele introjetados, enquanto aqueles que forem fonte de desprazer são expulsos, por projeção. As relações entre pulsões e seus objetos, contudo, estão reservadas para relações entre estes e um Eu total, adverte-nos Freud (1915/1992p, p. 30).

No curso do complexo desenvolvimento das pulsões sexuais, há uma etapa preliminar da escolha objetal. Nela, a primeira forma pela qual o Eu escolhe um objeto é desejando incorporá-lo em si devorando-o. Esse conceito de identificação é reiteradamente ressaltado em muitos dos escritos ulteriores de Freud, como em "Psicologia das massas e análise do Eu" (1921/1992v) e "O Eu e o Isso" (1923/1992w), em que a identificação com os pais é tida inicialmente não como o resultado de um investimento objetal, mas como uma identificação direta e imediata, que se verificaria mais cedo do que qualquer investimento objetal.

O ódio, como relação com o objeto, é então mais antigo que o amor:

> *Brota da repulsa primordial que o Eu narcisista opõe no começo ao mundo exterior produtor de estímulos. Como exteriorização da reação de desprazer provocada por objetos, mantém sempre um estreito vínculo com as pulsões da conservação do Eu, de sorte que pulsões do Eu e pulsões sexuais com facilidade podem entrar em uma oposição que repete a oposição entre odiar e amar. Quando as pulsões do Eu governam a função sexual, como acontece na etapa da organização sádico-anal, emprestam também à meta pulsional os caracteres do ódio. A história da gênese e dos vínculos de amor nos permite compreender que tão frequentemente se mostre ambivalente, quer dizer, acompanhado por moções*

> *de ódio dirigidas ao mesmo objeto. Esse ódio mesclado com o amor provém, por um lado, das etapas prévias do amor não superadas por completo, e, por outro lado, tem seu fundamento em reações de repulsa procedentes das pulsões do Eu, que na sequência dos frequentes conflitos entre interesses do Eu e do amor podem invocar motivos reais e atuais. Em ambos os casos, então, esse ódio mesclado remonta à fonte das pulsões de conservação do Eu.* Quando o vínculo de amor com determinado objeto se interrompe, não é raro que o substitua o ódio, pelo qual recebemos a impressão de que o amor se transforma em ódio. Mas agora, superando essa descrição, podemos concebê-lo assim: em tais casos o ódio, que tem motivação real, é reforçado pela regressão do amor à etapa sádica prévia, de sorte que o odiar cobra um caráter erótico e garante a continuidade de um vínculo de amor. *(Freud, 1915/1992p, pp. 133-134, grifos nossos)*

Odiar é, então, no caso de rompimento do laço amoroso com o objeto, garantir a continuidade de um vínculo de amor. A regressão do amor à etapa sádica, entrelaçada às pulsões de conservação do Eu, indica que o rompimento da ligação representa, para o Eu, uma ameaça, a que ele responde ambivalentemente buscando a manutenção do vínculo. É por meio da regra de inversão dos modos pulsionais ativo e passivo que tão frequentemente o enlutado se critica por crer não ter amado suficientemente o objeto perdido, mas também se envergonha pelo fato de que o objeto não o amava suficientemente, ou então não o teria abandonado.

Por isso a regressão ao narcisismo seria considerada destino inevitável da melancolia (1917/1992t), partilhando com o luto "normal" a perda do objeto e a ambivalência como impulsos do conflito obsessivo face à morte (Freud, 1915/1992o). O objeto perdido transforma-se em um outro a quem o sujeito efetivamente ama ou poderia ter amado.

No bojo do teste de realidade e das alucinações, Freud (1917/1992s) distinguiu, de forma resumida, um tipo de regressão temporal – o retorno a etapas anteriores do desenvolvimento do sujeito – daquela de ordem tópica – o intercâmbio dos sistemas psíquicos –, que, contudo, usualmente ocorrem de forma conjunta.

No estado do sono, pensou Freud, a regressão da libido leva a uma espécie de restauração do narcisismo primitivo, enquanto uma regressão do próprio Eu remonta a uma etapa de satisfação alucinatória dos desejos. Articula-se assim o caráter narcísico do sono e alucinatório dos sonhos com a regressão, o que exige então estabelecer alguma diferenciação entre sonho e alucinação. Para tanto, Freud lança mão da prova de realidade, que permite ao Eu distinguir estímulos internos e externos, Eu e não Eu.

O sonho, formado a partir de um estado do sono em que há uma regressão que abdica da prova de realidade, fornece os elementos para a compreensão da psicose alucinatória do desejo, que pode advir no luto precisamente como resultado de uma falha no reconhecimento da realidade quando do desligamento libidinal do objeto perdido e, simultaneamente, como forma de manutenção do laço, ainda que precariamente, com aquilo ou aqueles que partiram.

Dos artifícios de manutenção da sustentação narcísica em sua dependência do mundo objetal circundante, face às ameaças de separação, Freud passa a se dedicar explicitamente à morte em 1915. É então que ele publica "Considerações atuais sobre a guerra e a morte" (1915/1992o), e, no ano seguinte, "A transitoriedade" (1916/1992q). No primeiro desses textos, trata de nossa atitude perante à morte, abordando o

> *colapso que sofremos quando morre alguém que nos é próximo, um genitor ou cônjuge, um irmão, filho ou amigo precioso. Enterramos com ele todas as nossas esperanças, ambições, alegrias, ficamos inconsoláveis e nos recusamos a substituir aquele que perdemos. Nós nos comportamos como os Asra, que morrem quando morrem aqueles que amam. (Freud, 1915/1992o, pp. 231-232)*

A guerra, Freud dava-se conta, tinha uma realidade dura demais para que se a ignorasse, e a morte em massa que trouxera havia reduzido as possibilidades de compensação sublimatória das perdas. Ao identificar aquilo que parecia não mais surgir como saída possível, Freud notava o que, em circunstâncias normais, permitiria encontrar nas artes, como a literatura, o empreendimento de um movimento psíquico de identificação a que o enlutado poderia recorrer como em um jogo, encontrando nas possibilidades de sobrevivência às mortes simbólicas de personagens, por exemplo, ancoragem para seus próprios impulsos vitais.

Das possibilidades e limites escancarados pela guerra, surgia o questionamento acerca da finitude, da morte e da transitoriedade que Freud empreendeu motivado por uma conversa durante um passeio com uma amiga e um jovem poeta nas Dolomitas, que, sabemos, eram Lou Andreas-Salomé e Rainer Maria Rilke. O texto sobre a transitoriedade (1916/1992q), dotado de notável beleza, apresenta a discordância entre Freud e o poeta, que sofria antecipadamente pelo fato de que toda a exuberância de vida que se apresentava a eles desapareceria no próximo inverno. Freud, ao contrário, acreditava que a transitoriedade e a limitação da possibilidade de fruição aumentariam a preciosidade das coisas, e somente uma resistência ao luto poderia explicar a posição do poeta.

Afirmou então que, quando pessoas ou objetos amados são perdidos, a libido estaria livre para voltar temporariamente ao Eu, ou se voltar para novos objetos. O luto, "tendo renunciado a tudo que perdeu, ... terá consumido também a si mesmo, e nossa libido estará novamente livre - se ainda somos jovens e vigorosos - para substituir os objetos perdidos por outros novos, possivelmente tão ou mais preciosos que aquele" (Freud, 1916/1992q, p. 311).

No entanto, os mecanismos metapsicológicos e destinos subjetivos de tais operações, em que um objeto perdido possa ser substituído psiquicamente, não são pensados explicitamente e permanecem como espécie de resto não elaborado que retornaria em textos posteriores, sem chegar a receber atenção de Freud.

Imbuído do espírito romântico que exalta a beleza daquilo que pudera fruir sem que a perda retirasse seu valor, Freud viu em Rilke e em sua "resistência ao luto" o protótipo daquilo que identificaria como núcleo da melancolia.

Redigido em 1915, "Luto e melancolia" (Freud, 1917/1992t) tornou-se a principal fonte de pesquisa sobre o luto em psicanálise, consagrando-se como obra de referência acerca do tema. As notas de Strachey (1992) indicam que Freud realizou uma exposição sobre o luto em 30 de dezembro de 1914 à Sociedade Psicanalítica de Viena, tendo escrito um primeiro rascunho em fevereiro de 1915, que remeteu a Abraham (na verdade, Freud o enviou a Ferenczi, pedindo-lhe que o remetesse a Abraham), que respondeu com preciosos comentários, alguns indicando a ligação entre melancolia e fase oral do desenvolvimento libidinal.

Para além dos temas diretamente abordados no título, o trabalho abre, desenvolve e articula uma série extremamente importante de conceitos. O que faz Freud, então, no início do texto, é proceder a um exame comparativo entre ambos os estados (luto e melancolia) - um, normal; e o outro, patológico -, em que conjectura haver no último uma perda da qual se sabe quem, mas não o que se perdeu nesse objeto, diferentemente do luto, em que "nada é inconsciente no que concerne à perda" (Freud, 1917/1992t, p. 243).

Quanto às inibições e retraimentos comuns a ambos, o luto se esclarece em virtude de seu próprio trabalho, tendo o mundo se tornado pobre, vazio; enquanto, na melancolia, essa é a descrição do que ocorre com o próprio Eu. A autodepreciação e as críticas impiedosas dirigidas a si mesmo pelo melancólico são demonstrações da consciência moral (base do que viria a ser o Supereu), ao mesmo tempo que a ausência de vergonha que exibe publicamente atesta um retorno da libido investida em um objeto decepcionante ou frustrante (mas ao qual se relaciona ambivalentemente) ao Eu, servindo a uma identificação com o objeto perdido, cuja sombra, portanto, notou Freud em sua famosa afirmação, caiu sobre o Eu.

Tendo como ponto de partida comum, portanto, perdas de objeto, luto e melancolia foram pensados (como Freud já havia feito ao tomar o sonho como paradigma para a compreensão de distúrbios narcísicos) segundo o modelo em que um processo "normal" serve de apoio à elucidação de uma afecção psicopatológica.

O luto é entendido então por Freud como reação a uma perda, seja de uma pessoa amada ou alguma forma de abstração como um ideal, por exemplo, cujo trabalho visa a um desligamento libidinal do objeto perdido. Para tanto, sua prova última consiste no sucesso do exame de realidade que demonstra que o objeto, de fato, deixou de existir, permitindo assim a retirada de libido deste e consequentemente um desimpedimento do Eu, uma abertura a novos investimentos libidinais e novas relações objetais.

Peça por peça e com grandes investimentos de tempo e energia, a realidade traz o veredito da perda a cada uma das recordações e expectativas às quais se ligava a libido, até que o Eu se convence, com o auxílio da satisfação narcísica em estar vivo, a romper seu vínculo com o objeto perdido. Esse rompimento ocorre de modo tão lento e gradual que, ao fim do trabalho, também o investimento que ele requeria se esvai.

No entanto, recorda-nos Freud, uma posição libidinal jamais é abandonada de bom grado, seja ela qual for, mesmo que um substituto já se anuncie. Por isso, é possível mesmo que uma psicose de desejo alucinatória venha a surgir quando o objeto ameaça perder-se, mantendo-o, ainda que precariamente, sob jugo do Eu. O objeto perdido, desse modo, como que se prolonga na psique do enlutado, exigindo-lhe grande aplicação de tempo e energia de investimento, de modo que as lembranças e expectativas por meio das quais a libido se achava ligada ao objeto de amor são enfocadas e superinvestidas, para só depois serem desligadas.

Todos esses aportes de "Luto e melancolia" (1917/1992t) não se restringem especificamente aos temas que compõem o título do texto, na medida em que se aplicam a muitos dos elementos essenciais para a constituição psíquica do ser humano, como é o caso das identificações. Na esteira do narcisismo, as identificações tornaram-se um dos pilares para o entendimento do luto e da melancolia. Mais que isso, constituíram a base para todo um modo de organizar uma determinada práxis psicanalítica, em função do alcance generalizante desses processos no que se refere à constituição mental e ao papel das relações do *infans* com o outro humano internalizado, como notou Ogden (2010).

A cisão implicada no reconhecimento da existência de instâncias conscientes e inconscientes no seio do próprio Eu está na base do que seria um dos pilares da teoria das relações de objeto, pensou Ogden (2010). O objeto amado perdido que é mantido pela identificação narcísica e o ódio que se apodera do objeto para assim atacar o Eu configuram um tipo de relação que implica pensar aspectos cindidos operando no Eu, aos moldes do que Klein viria a identificar como objetos internos e externos, algo diverso do inconsciente na divisão entre instâncias psíquicas da primeira tópica.

Nesse sentido, a ambivalência, para além do par amor-ódio, ganha novos contornos, porque, ao tentar liberar a libido investida no objeto amado perdido, um movimento em direção à vida é impulsionado, opondo-se à fusão mortal com um objeto imortal, como na melancolia. Dito de outro modo, o reconhecimento da perda e da realidade da morte, apesar da dor que inflige, representa a insistência na manutenção da vida, diferentemente da fusão promovida pela identificação melancólica em que o Eu se vê tomado pela sombra do objeto que persiste apoiado na pulsão de morte, quando o masoquismo pode prover patologicamente substituições infinitas ao objeto perdido, visando mantê-lo negando sua morte.

Precisamente pelo entrecruzamento entre Supereu e exame de realidade, o masoquismo pode servir como obstáculo ao luto, oferecendo-lhe substituições patológicas do objeto. A perda atual pode vir a se ligar simbolicamente a perdas anteriores em cadeia, agindo na formação de sintomas pela ação de identificações regressivas e narcísicas atreladas ao rompimento amoroso.

Entre a satisfação narcísica por ter sobrevivido ao objeto amado e a culpa por não lhe ter amado suficientemente, ou ainda o ódio por ter sido abandonado, o sujeito se vê tomado pela dor de modo ao mesmo tempo evidente e enigmático. Se o luto é, por um lado, tão natural, por outro, é "um grande enigma, um desses fenômenos que em si não são explicados, mas a que se relacionam outras coisas obscuras" (Freud, 1895/1992c, p. 310).

Dor que intriga Freud (1926/1992y) por sua presença tão pungente no luto e por sua proximidade com a angústia. Essa perceptível intimidade remete Freud à situação de desamparo infantil face à aparição de um estranho no lugar da mãe. A expressão da criança em tenra idade nessa situação demonstra angústia, mas também dor, porque ela não é ainda capaz de compreender a separação como algo momentâneo e só posteriormente, após seguidas repetições, torna-se capaz de apreender o reaparecimento da mãe na sequência de seu desaparecimento. Até então, é uma situação traumática que se pode tornar um perigo sinalizado pela angústia, em consequência da perda da percepção do objeto. Não se trata ainda da perda de amor, nota Freud, o que acontecerá quando a criança puder perceber que mesmo a presença da mãe não garante seu amor, e isso será um determinante mais importante da angústia.

Mas, após a criação do objeto que é a mãe por meio de repetidas situações de satisfação, surge um anseio relacionado à dor, que é a reação "genuína à perda do objeto: a angústia o é frente ao perigo que essa perda carrega e, em deslocamento posterior, ao perigo da perda do próprio objeto" (Freud, 1926/1992y, p. 159). A dor psíquica é uma idiossincrasia do grande investimento num objeto ausente, criando as mesmas condições econômicas que o investimento num local ferido do corpo, de modo que, entre dor física e psíquica, há uma passagem correspondente à passagem entre investimento narcísico e investimento objetal. E é por isso que um aumento do estímulo em um local do corpo é como que um modelo para a representação de objeto altamente investida pela necessidade.

O luto surge, então,

> *sob influência do exame de realidade, que exige categoricamente separar-se do objeto, porque ele não existe mais. Deve então levar a cabo a tarefa de desprender-se do objeto em todas as situações em que o objeto foi alvo de grande investimento. O caráter doloroso dessa separação harmoniza com a explicação que acabamos de dar, a saber, a do elevado e irrealizável investimento por anseio do objeto, na reprodução das situações*

> *em que a ligação ao objeto deve ser dissolvida. (Freud, 1926/1992y, pp. 160-161)*

A aproximação a um ferimento no corpo, a um local cujo investimento remeteu Freud à dor psíquica do luto pelo investimento em um objeto ausente, relaciona-se à ideia de uma ferida narcísica, expressão utilizada por ele em momentos sensíveis de sua correspondência quando trata de seus lutos, como quando se dirige ao amigo Pfister sobre a impactante perda de sua filha, Sophie (Freud & Pfister, 2001, p. 102).

No momento em que sistematiza seus achados sobre o luto articulados à dor e à angústia, Freud (1926/1992y), contudo, põe em relevo outros modos de pensá-lo. Traçando uma série de correlações, relaciona o perigo de desamparo psíquico ao estádio de imaturidade inicial do Eu, o perigo de perda de um objeto (ou perda do amor) à ausência de autossuficiência da tenra infância, o perigo de ser castrado à fase fálica e, por fim, o temor superegoico ao período de latência.

Não se havendo, no entanto, proposto a debruçar-se sobre o luto em si, como já ocorrera em "Luto e melancolia" (1917/1992t), Freud o tomou como tema colateral, em "Inibições, sintomas e angústia" (1926/1992y), como espécie de ponto de apoio que lhe permitia alcançar outros interesses. A riqueza dos desenvolvimentos propostos em torno das questões relativas ao narcisismo (e, portanto, à constituição do Eu, identificações, regressões, estatuto do objeto etc.) foi de certa maneira subsumida no complexo de castração, tomado como paradigma de toda perda de objeto.

Evidentemente, ao tratar da castração, Freud estava trazendo os processos relativos mais intimamente ao narcisismo também à baila. No entanto, é notável que, ao mesmo tempo que enriquece e complexifica alguns dos pontos nodais de sua obra em 1926 (Freud,

1926/1992y), ao tratá-los a partir dos novos alicerces oferecidos por sua abordagem da angústia, Freud oscila entre achados relativos à complexidade dos processos envolvidos em perdas e a angústia de morte atrelada (e de algum modo resumida) à castração.

Embora reconheça que as "reações afetivas frente a uma separação" são sentidas "como dor e luto, não como angústia" (Freud, 1926/1992y, pp. 123-124), Freud vê, nas experiências de separação cotidianas, meios pelos quais a castração se torna representável, insistindo que, da morte, não pode haver qualquer registro.

Operando nesse texto uma inversão que torna a angústia anterior ao recalque, o desenvolvimento de angústia (*Angstentwicklung*) ocorre quando o sinal de angústia não é capaz de impedir o surgimento da angústia automática, que, frente a um perigo "real", sempre remetido à castração, é reproduzida com base no modelo inicial, ou seja, por meio da repetição da tentativa defensiva desencadeada pelo desamparo ocasionado pela insuficiência do escudo protetor, para retomar a metáfora de 1920 (Freud, 1920/1992u).

Algumas questões e lacunas metapsicológicas: narcisismo e estatuto do objeto

> *Morte somos e morte vivemos. Mortos nascemos, mortos passamos; mortos já, entramos na Morte.*
>
> Fernando Pessoa

A despeito de caminhos novos traçados no interior do pensamento freudiano, restam lacunas, como não poderia deixar de ser, e problemas surgem no exame de suas inestimáveis contribuições. Alguns dos hiatos que se podem encontrar em seu pensamento decorrem de sua impossibilidade de articular plenamente ideias e conceitos que a leitura de sua própria obra autorizaria, mas que, por motivos variados, se tornaram um legado precioso que coube a gerações posteriores, e ainda cabe, obviamente, explorar.

A elaboração conceitual do luto – embora de modo genérico seja possível dizer que se tenha estendido por toda a obra freudiana – se deu no interior de um momento criativo que, como vimos, esteve marcado tanto por alguns dos momentos mais dolorosos da vida do homem Freud e mais destrutivos da história recente da civilização quanto por conflitos no interior do movimento psicanalítico, em que Freud e Jung disputavam em relação ao monismo ou dualismo libidinal-pulsional, e Freud elaborava a pleno vapor um conjunto de textos metapsicológicos que marcariam profundamente seu sistema de pensamento, mas que foram sustentados por uma coluna – o narcisismo – que funcionou, de certa maneira, como um "parênteses no pensamento de Freud" (Green, 1988, p. 10).

Isso porque o potencial que poderia ser extraído a partir de uma retomada dos problemas levantados pelo e em torno do narcisismo e suas concepções sobre a constituição do Eu, reinterpretada com o uso dos novos achados trazidos pela segunda tópica e última teoria das pulsões, não chegou a ver plenamente a luz sob a pena de Freud, como observou Green (1988).

Como já ocorrera antes, no momento em que se põe a tratar "formalmente" dos temas do luto e da morte, Freud propõe uma leitura em que ganham relevo elementos sem dúvida essenciais aos fenômenos, mas não exclusivos e tampouco suficientes para esgotá-los. A angústia de morte, a despeito da riqueza de concepções existentes ao longo de sua obra e da qual poderia ter lançado mão, mas que não o fez nesse momento, é reduzida a uma forma análoga à angústia de castração, assim como o luto é circunscrito à posição de reação à separação.

Fazendo uso das palavras de Pontalis para sintetizar o problema com o qual nos deparamos:

> *É inevitável espantar-se com o destino que Freud dá à angústia de morte nesse tempo vigoroso da psicanálise e a partir desse tempo vigoroso. Ao menos no* plano teórico *(pois em sua vivência é outra coisa), ele se livra resolutamente dela realizando uma total inversão. Ela é tão-somente uma máscara, uma forma entre outras (desmame, separação) da angústia de castração, que ele transforma no pivô de toda perda do objeto e por trás da qual, eu cito, "não se esconderia nenhum segredo mais profundo". "No inconsciente – continuo citando – não há nada que possa dar um conteúdo para nosso conceito de destruição. Atenho-me firmemente à idéia de que a angústia de morte deve ser concebida como um análogo da angústia de castração. Essas são linhas de 1926 (*Inibição, sintoma e angústia*), escritas, portanto, mais de cinco anos depois de* Além do princípio de prazer, *onde é enunciada a pulsão de morte, dez anos depois dos ensaios sobre o luto e sobre o narcisismo. (Pontalis, 2005, p. 256)*

Face à morte, notou Pontalis, a angústia mais profunda não precisaria necessariamente estar ligada à castração e à diferença, mas antes a eixos e oposições como "eu-não eu", "fora-dentro", "unidade-despedaçamento" ou "completude-vazio".

De fato, se a abordagem geral do problema do luto em Freud, a despeito de suas inúmeras e inestimáveis contribuições, encontrou soluções formais que acabaram por reduzir a riqueza de seu próprio pensamento a soluções que se tornaram canônicas, mas que se revelaram problemáticas, isso se apoia em alguns pontos específicos que a experiência analítica demonstrou serem mais complexos que essas soluções.

Perdas constitutivas do sujeito certamente são revividas e atuam na base de uma perda posterior de um ser importante, mas, se a castração traz consigo sempre uma promessa de algum ganho (civilizatório, de mudança de condição de acesso ao desejo e ao objeto desejado etc.) de alguma forma parcialmente compensatório ao abandono, perdas que abalam de tal forma que atinjam a sustentação de si – que tirem a eficácia de um modo de organização pulsional até então operante, exigindo uma dolorosa reorganização do Eu – devem ter efeitos que não podem ser unicamente subsumidos à lógica da castração. Ademais, se toda morte traz uma perda, o inverso não é verdadeiro, nem toda perda significa a morte. Tomar por morto aquilo que está perdido está já, como o próprio Freud demonstra, na seara da melancolia.

As questões em torno de sua perda fazem com que o próprio estatuto do objeto precise ser pensado. Tanto Allouch (2004) quanto Leader (2011) apontam para a coincidência em pensamentos tão diversos quanto Klein e Lacan no que se refere a isso. Enquanto, como cita Allouch (2004, p. 171), Klein sublinha que a perda de um objeto "não pode ser sentida como uma perda total antes que este seja amado como um objeto total", Lacan (2016) questiona em que consistiria precisamente o trabalho do luto, alertando-nos que "Permanece-se vago . . . pelo fato de que a questão não está convenientemente articulada", de modo que, para articular a ocorrência da introjeção do objeto perdido no luto, "talvez exista uma condição prévia, isto é, que ele seja constituído enquanto objeto" (p. 171).

Tal constituição não poderia ser simplesmente resumida às "etapas de desenvolvimento instintual", notou Lacan (2016, p. 310).

Diana Rabinovich (2014) realizou, nesse sentido, um minucioso trabalho de pesquisa que demonstra justamente que a teorização sobre o tema do objeto no próprio interior do pensamento de Freud comporta perspectivas divergentes, cuja indiferenciação resulta em certa confusão conceitual que pode levar a impasses não desprezíveis.

Três dimensões do conceito de objeto são por ela identificados em Freud: objeto do desejo, objeto da pulsão e objeto de amor. O primeiro se refere ao objeto perdido da experiência de satisfação alucinatória, no nível do processo primário. É, portanto, o objeto alucinado depois de ter sido perdido, cujo protótipo é o objeto oral, o seio materno.

O objeto da pulsão surge nos "Três ensaios sobre a teoria da sexualidade" (1905/1992j). Inicialmente se assemelha ao objeto do desejo, do qual depende para surgir, e é vinculado às características autoeróticas da pulsão, ao prazer de órgão (como na criança que chupa o dedo). O objeto, nesse texto, embora seja aquele pelo qual a pulsão se satisfaz, não é aquele que se apoia nas funções vitais. São os objetos que Freud aborda justamente diferenciando daqueles que se apoiam na necessidade, como é o caso do voyeurismo e do sadismo. Embora estejam atravessados pelo corpo, não é possível pensá-los, como no caso do objeto perdido da experiência de satisfação oral, a partir de uma necessidade como a do alimento, que a suporta.

Essas diferentes dimensões do conceito de objeto comportam, por sua vez, diferentes dimensões de perda. Ainda que a morte de alguém significativo incida para o Eu sobre sua condição de objeto do desejo e sua dimensão de objeto da pulsão, um objeto de amor é aquele da "escolha de objeto". Inclui-se em uma dimensão que Freud explicitamente diferencia da série dos estágios libidinais próprios às pulsões parciais e é correlativo justamente ao desenvolvimento do conceito de narcisismo. Trata-se necessariamente de um objeto "total", em oposição aos objetos parciais das fases pré-genitais e que pode servir de suporte a uma identificação, como em "Luto e melancolia" (1917/1992t), e pode também se tornar objeto de ódio ou amor.

O objeto de amor, tendo seu suporte real perdido com a morte dos seres mais significativos, deixa também a pulsão sem sua orientação até então existente, desorganizando o desejo do sobrevivente que, como observou Freud, pode chegar a tentar desesperadamente manter o objeto alucinatoriamente pela via da psicose do desejo, recorrendo ao processo primário. Esse recurso seria aquele em que as diferentes dimensões do objeto se confundiriam como uma das formas de lidar com uma perda de difícil assimilação, evidenciando como a perda do objeto total pode mobilizar toda a série anterior de investimentos e ligações pulsionais.

As identificações são, portanto, essenciais ao entendimento do luto e, por isso, ganham destaque em "Luto e melancolia" (1917/1992t), sendo a sua conceitualização desenvolvida mais plenamente em textos subsequentes. No entanto, se retomarmos o processo descrito por Freud em 1917, encontraremos como o fim de um processo de luto a substituição do objeto perdido como sinal de um destino bem-sucedido. Trata-se de mais uma hipótese de um texto freudiano acerca do luto que suscitou questionamentos.[7]

---

7 "Luto e melancolia" (1917/1992t) tornou-se um trabalho de certa forma "canônico", diz Allouch, que alerta para o fato de que esse texto não reuniria condições para efetivamente ser tomado como texto definitivo para o entendimento do luto. Escreve ele: "Freud não escreveu esse artigo para estabelecer uma versão psicanalítica do luto, como quase todos após ele dizem, ou creem, ou querem crer, mas, tomando por ponto de apoio uma versão não crítica do luto, Freud quis, assim, conquistar a melancolia" (Allouch, 2004, p. 21). Com efeito, não se pode atribuir a Freud qualquer dúvida a respeito de suas

Tributário de uma versão do luto atrelada à melancolia característica do ideário literário romântico do século XVIII, calcada em uma aliança entre sublime e penoso, Freud apoiou-se na ideia de que novas relações objetais viriam a tomar lugar daquelas que se perderam, substituindo-as e assim possibilitando, ao fim do trabalho de luto, os mesmos gozos anteriormente obtidos.

Contudo, Endo (2013) nos lembra que

> *A experiência da perda não nega que, longe da melancolia, o sujeito que perdeu não esquece e que os novos e inéditos objetos acolhidos com hospitalidade e interesse verdadeiro não são substitutos daqueles outros que se foram, se perderam ou que o próprio sujeito admitiu perder. Vemos aí claramente que algo permaneceu latente e não pensado por Freud. (p. 46)*

De fato, Freud, em sua teorização formal sobre o luto, reiteradamente opera com a ideia de substituição do objeto perdido. No entanto, se sua produção teórica deixou de abarcar as vicissitudes do luto no que se refere à possibilidade de constituição de novos vínculos em sua singularidade, para além da melancolia, em suas cartas, e mesmo em pequenos trechos de alguns textos, Freud reconhece e afirma precisamente o oposto.

---

declarações sobre o alcance de suas teorizações sobre o luto. São recorrentes suas afirmações, seja quanto à insuficiência, seja quanto à provisoriedade de seus argumentos. Quanto à afirmação de Allouch, cabe lembrar que Freud (1917/1992t) abre seu texto com a seguinte afirmação: "Depois que o sonho nos serviu como modelo normal dos distúrbios psíquicos narcísicos, façamos a tentativa de elucidar a natureza da melancolia, comparando-a com o afeto normal do luto" (p. 171, tradução nossa), ou seja, está posto desde o início que a tarefa à qual se propõe Freud em "Luto e melancolia" não é primariamente esclarecer o luto, fazendo-o apenas na medida em que isso o auxilia a alcançar o entendimento da melancolia.

Por ocasião da morte do filho de Binswanger, que o remete à morte da própria filha, Freud (1966, p. 431) diz ao amigo categoricamente que não há substituição possível, que a lacuna deixada por tal buraco jamais seria completamente preenchida. Quando da morte de Abraham, escreve a sua esposa que simplesmente não tinha palavras de consolo que lhe pudesse oferecer e que não haveria para ele possível substituto a seu marido. Mesmo em "Luto e melancolia" pode-se encontrar o seguinte questionamento: "Paralisa-nos o pensamento de quem haverá de substituir o filho para a mãe, o marido para a mulher, o pai para os filhos caso aconteça um desastre" (1917/1992t, p. 232).

Parte da explicação dessa contradição pode ser pensada pela questão identificatória. Ainda que do ponto de vista formal a substituição de objeto seja pressuposta teoricamente, a necessidade da colocação em movimento dos jogos identificatórios que se faz pelo trabalho de luto impele a modos de assimilação do objeto perdido que possibilitam, em caso de relativo sucesso, uma continuidade de investimento libidinal de novos objetos, sem que isso signifique que estejam exatamente no mesmo lugar que os anteriores. Com efeito, é justamente a garantia de um lugar único e insubstituível destinado ao morto, com o asseguramento da impossibilidade de sua perda completa e definitiva, o que permitirá o impulso vital de novos investimentos.

Portanto, cabe questionar como seriam os processos em jogo na perda de um ser amado, não unicamente no necessário desinvestimento para um posterior reinvestimento de novos objetos, mas em termos dos impactos da perda e seus possíveis destinos para um Eu a ser transformado, reorganizado.

Um objeto cumpre simultaneamente diversas funções para um sujeito. Entre muitas outras: "balanço narcísico, vitalidade, sentimento de segurança e proteção" (Hornstein, 2009, p. 104). Sua perda incide então sobre a organização do sobrevivente de tal forma que a estabilidade do Eu se torna comprometida, exigindo-lhe esforços a fim de – para além de negá-la, substituindo apressadamente seu objeto – dar-lhe um destino, construir-lhe um lugar.

Tal lugar, ainda que construído intrapsiquicamente, em torno dos processos inconscientes e da relação morto-enlutado, ocorre em uma dimensão social e comunitária que o favorece ou o obstaculiza, que fornece seus contornos e assim possibilita alguns modos de ressignificação. Freud, que se havia dedicado à antropologia com afinco, não o ignorava.

Se o próprio entendimento freudiano acerca da constituição do Eu precisa ser pensado – lembrando que não há desenvolvimento predeterminado e que encontros, desencontros, paradas, bloqueios e desvios de objetos confundem-se e são parte do narcisismo, sem que um ou outro possa ser minimizado, já que são interdependentes e em certos pontos coincidentes, como já notou Green (1988) –, o acolhimento dado pelo lugar intrapsíquico face à interdição social do luto não prescinde de tais dimensões sociais e, ademais, tem de ser pensado naquilo que essa interiorização comporta em si de alteridade e a convoca.

E é na interlocução de Freud com aqueles que eram os destinatários primeiros de "Luto e melancolia" que hipóteses férteis restaram como uma espécie daquilo que Schneider (1993b, p. 38) identificou como "parte silenciada da herança de Freud".

2. O luto entre Freud, Abraham e Ferenczi

A análise da correspondência de Freud traz à tona observações ricas de seus interlocutores, que não necessariamente foram por ele acolhidas, mas que, muitas vezes, acabaram por permitir que pesquisas posteriores desenvolvessem aspectos latentes de suas formulações teóricas.

Lou Andreas-Salomé, por exemplo, ao receber os escritos sobre os sonhos e "Luto e melancolia" (1917/1992t), responde a Freud, em carta datada de 20 de junho de 1918, observando que Freud havia, contrariamente ao habitual, partido do "normal" em direção ao "patológico", o que, em sua opinião, seria um sinal de progresso da psicanálise. Nesse contexto, afirma ela:

> *Não pude deixar de pensar: fundamentalmente, o fato é, sem dúvida, que nos dois casos, no "normal" assim como no patológico, uma parte precisa permanecer no inconsciente, a fim de que a outra parte possa tornar-se ativa. Pois não apenas o melancólico precisa ter reprimido as acusações esquecidas contra o objeto, que*

> *jazem por trás de seus aparentes auto-reproches, mas, também, por exemplo, o amante (que o senhor seleciona como um exemplo da tendência oposta) precisa permanecer inconsciente do elemento de auto-amor, de narcisismo, em seu entusiasmo pelo objeto. . . . De qualquer forma, o caráter ambivalente já é parte dessa duplicidade, na qual, do estádio do narcisismo em diante, todos os impulsos mais profundos se encontram, quer sejam orientados para o sujeito, quer para o objeto. A natureza idêntica de ambos (que é reativada nas identificações com os objetos posteriores), assim como a capacidade do ego de dividir (que alcança seu ápice na plasticidade dos sonhos) envolve tudo o que é sentido e experimentado com a aura desses poderes, que são parte de nós, e no entanto, ao mesmo tempo, não são parte de nós. Como parece natural que os homens se tenham considerado cercados de demônios (divinos e infernais). (Freud & Andreas-Salomé, 1975, pp. 111-112)*

Salomé aponta para a dificuldade em se demarcar a tênue linha entre o normal e o patológico ou, mais precisamente, nesse caso, entre luto e melancolia, coincidentes quanto à ambivalência e à cisão do Eu. A propósito, sua descrição de uma cisão no Eu não pode deixar de surpreender por apontar aquilo que, como vimos, Ogden (2010) notaria quase um século depois como ponto essencial do texto de Freud para os desenvolvimentos das teorias das relações de objeto. A possibilidade de reativação de ambos os processos em identificações posteriores, a proximidade do processo onírico em sua capacidade plástica e a indistinção rígida entre Eu e suas projeções são também importantes elementos que surgem como possibilidades de ulteriores desenvolvimentos em torno do narcisismo, o que é por Salomé invocado, ainda, para pensar o peso do sofrimento autoerótico na perda objetal. Contudo, a resposta de Freud, apesar de bastante elogiosa, não oferece comentários ou respostas que permitiriam avançar em suas intuições: "Cara *Frau* Andreas, . . . [a] senhora, como sempre, teceu inúmeros louvores a uma realização menor e deu em troca mais do que tive condições de oferecer-lhe" (Freud & Andreas-Salomé, 1975, p. 112).

Salomé tem, é verdade, uma posição transferencial um tanto específica para com Freud. No decorrer da guerra, e, portanto, no momento em que os textos sobre a morte, a guerra e o luto ganhavam corpo, suas cartas tinham formatos, tons e objetivos distintos. Na "hora da pólvora", constata Rodrigué (1995, p. 357), Freud "teve três correspondentes de guerra: Abraham, Andreas-Salomé e Ferenczi". Vemos uma notável admiração pelo gênio dessa mulher, por meio de quem se aproximava indiretamente de Nietzsche. Recebeu de Salomé comentários brilhantes, mas se correspondia com ela basicamente para "falar das misérias da guerra". Com os demais ocorre algo um pouco diverso. Com Abraham, travava, nas palavras de Rodrigué, um "misto de metapsicologia com jogos de guerra". Já com Ferenczi, o panorama epistolar era o da "alta especulação".

Luto e melancolia entre Freud e Abraham

Coraggio Casimiro![1]

Muitas das ideias expostas por Freud sobre a melancolia e o luto têm sua origem em textos cujo interlocutor principal fora Abraham.

---

1 Essa jocosa expressão é recorrentemente usada por Abraham e Freud em sua correspondência. Remete a uma escalada empreendida por Abraham na companhia de dois guias italianos, que, ao chegarem à barraca onde passariam a noite, descobrem que a carne crua que levavam para alimentar-se havia começado a cheirar mal. Buscando encorajar o colega a comê-la, um se dirige ao outro com estas palavras: "coraggio Casimiro!".

Compreender a versão do luto proposta por Freud exige, portanto, recorrer aos textos de Abraham, à sua correspondência com Freud e, ainda, remontar mais longe nos textos de Freud e alguns de seus contemporâneos. "Não está, no entanto, dito que tal iniciativa problematizante tenha ocorrido", argumentou nesse sentido Allouch (2004), para quem "não se pode, com efeito, *a priori*, excluir o caso em que a versão freudiana do luto teria sido encontrada sem ter sido procurada, depois admitida sem ter sido discutida" (p. 63).

A despeito da justeza ou não no rigor do argumento de Allouch quanto ao encontro sem procura da versão freudiana do luto, o caminho por ele indicado é certamente pertinente. Ademais, para além de encontrar em Abraham a origem da versão freudiana do luto de 1917, trata-se de deslindar aspectos não pensados e não acolhidos por Freud e desenvolvidos por seu discípulo nas lacunas deixadas pelo mestre.

Os interesses de Abraham centravam-se no desenvolvimento libidinal, na então chamada psicose maníaco-depressiva, na melancolia e, de forma relativamente incomum em sua época e meio, no luto.

Assistente de Bleuler em Burghölzli, por meio de quem tomou conhecimento do trabalho de Freud, analista de figuras como Deutsch, Glover, Radó, Reik e Klein, Abraham, cujo brilhantismo foi descrito de forma unânime entre aqueles com quem conviveu, foi uma espécie de baluarte da ortodoxia, fiel aliado de Freud até o fim.

Embora a classificação dos estágios libidinais em fases (oral, anal sádica etc.) não tenha sido exatamente criada por Abraham, foi ele quem a organizou de forma que o próprio Freud não havia feito. Esse esquema classificatório influenciou significativamente sua obra, e por suas lentes ele frequentemente leu e interpretou os fenômenos com que se deparava em sua clínica.

Entre esses fenômenos estava o luto, como demonstra o notável exemplo no texto "Um cerimonial complicado encontrado em mulheres neuróticas" (1912/1948a). Nele, retomando Freud, aborda os cultos privados do neurótico, sobretudo do obsessivo, em comparação aos ritos religiosos, e descreve dois casos de rituais neuróticos relativos à morte e ao luto.

Um deles é o de uma paciente que lhe descreve a extrema preocupação com que se arruma todas as noites, prendendo o cabelo com uma fita branca e deitando de forma tão metódica quanto possível, com a justificativa de que não gostaria de ser encontrada desarrumada se morresse subitamente durante seu sono. Suas associações a levam à infância, quando costumava usar precisamente uma fita branca, e a um irmão, morto, a quem era muito afeiçoada quando pequena. Suas brincadeiras infantis, em que ele era Uncas, o último dos moicanos – nome que ela é incapaz de lembrar em sessão –, permitem a Abraham estabelecer a origem de uma fobia importante da paciente, de cobras, lembrando que o pai do personagem é chamado na história Chingachgook, "grande cobra", o que leva as associações a seu próprio pai, também já morto, a quem a paciente era especialmente ligada, principalmente após a perda da mãe, cuja morte ocorrera prematuramente.

Abraham entende que o cerimonial adotado por ela a leva de volta à época em que seu pai estava ainda vivo, e seria ele, portanto, quem ela esperava todas as noites, como uma espécie de noiva fúnebre. Abraham percebe como desligamento e manutenção do objeto perdido não podem ser pensados fora da trama de investimentos libidinais precoces, organizada em torno do Édipo. Contudo, a persistência de complexos elementos de ligação com esses diversos mortos se dá na sintomática repetição rígida de um ritual fúnebre, que assim lhes fornece um lugar mantido às custas de sua imobilidade afetiva. A aproximação entre o estado melancólico e o luto permite a Abraham observar a necessidade do abandono do objeto como causa depressiva, enquanto a ansiedade sinaliza justamente a ameaça de que isso venha a ocorrer.

Freud havia já intuído bastante antes – em seu "Manuscrito G", enviado a Fliess – que "o afeto correspondente à melancolia é o luto – ou seja, o desejo de recuperar algo que foi perdido. Assim, na melancolia, deve tratar-se de uma perda – uma perda na vida pulsional" (Freud, 1895/1992c, p. 247). Mas Abraham sistematiza essa aproximação, formalizando-a nos fenômenos do pesar e do luto. A primeira versão de "Luto e melancolia", em que Abraham não é mencionado por Freud,[2] chegou a levá-lo a "recordar" a Freud: "não para reivindicar prioridade, senão para sublinhar nossa concordância, se levarmos em conta que eu também parti da comparação da depressão melancólica com o luto" (Freud & Abraham, 2002, p. 322, tradução nossa). Com efeito, em 1911, Abraham (1911/1970a) havia afirmado:

> *A ansiedade e a depressão acham-se relacionadas entre si da mesma maneira que o estão o medo e o pesar. Tememos um mal que se aproxima; contristamo-nos por um outro que já ocorreu. Um neurótico entrará em ansiedade quando seu instinto se esforça por obter uma satisfação que a repressão o impede de atingir; a depressão se estabelece quando ele tem de abandonar o seu objetivo sexual sem haver obtido satisfação. Sente-se não amado e incapaz de amar e, dessa maneira, desespera-se quanto à vida e ao futuro. Este sentimento perdura até que sua causa deixe de operar, seja através*

2 Posteriormente, Freud incluiria uma nota de rodapé ao texto: "Abraham, a quem devemos o mais relevante dos poucos estudos psicanalíticos sobre o tema, também partiu dessa comparação" (Freud, 1917/1992t, p. 241).

> *de alteração real na situação, seja através de modificação psicológica das ideias desagradáveis com as quais se defronta. Todo estado neurótico de depressão, tal como todo estado de ansiedade, com o qual se acha estreitamente relacionado, contém uma tendência a negar a vida. (pp. 32-33)*

Coube, no entanto, a Freud elevar essa exploração a um nível que Abraham não poderia ter feito, uma vez que os instrumentos para tanto nem mesmo existiam (as formulações sobre o narcisismo, por exemplo), o que Abraham reconhece em 1924, ao mesmo tempo que reivindica propriedade sobre sua ideia:

> *Não obstante, apesar das deficiências daquela primeira tentativa* [referindo-se ao texto de 1911], *seus resultados mostraram ser corretos em certos pormenores não desprovidos de importância. O trabalho de Freud "Luto e Melancolia" confirmou meu ponto de vista de que a melancolia guardava a respeito do luto normal pela perda a mesma relação que a ansiedade mórbida pelo medo comum. (Abraham, 1924/1970b, p. 81)*

No mesmo texto de 1924, Abraham se lança a seu projeto de investigação das perturbações mentais compreendidas pelo prisma do desenvolvimento da libido, partindo sempre da melancolia e das relações do melancólico com seus objetos. *Grosso modo*, suas ideias organizam-se em torno dos pontos de fixação que se formaram no curso do desenvolvimento da libido, que determinam até que nível de organização ela avança ou regride, no caso de uma enfermidade neurótica.

O mesmo se aplica à relação da pessoa com o mundo exterior: sempre se verifica que as inibições do desenvolvimento e os processos regressivos são determinados por fixações primitivas na esfera da libido. Isso se evidencia na distinção entre melancolia e neurose obsessiva, porque, apesar de sua relação comum com a organização sádico-anal da libido, o obsessivo se caracteriza por reter o objeto, enquanto o melancólico o abandona (Abraham, 1924/1970b).

Aqueles que são objeto do desejo, seres amados e primordiais da criança, são tomados como sua propriedade; equivalentes, portanto, a seu mais antigo objeto de propriedade privada, as fezes, e, por isso, uma atividade positiva para com eles é exercida nos moldes da retenção, enquanto uma negativa o é aos moldes da expulsão. Mais ainda, os processos de perda evidenciam as subdivisões das tendências anais de destruir o objeto em um nível e retê-lo em outro, assim como das tendências orais de sugar em um nível e morder, destruir, em outro.

Portanto, há uma diferenciação na fase oral, bem como na sádico-anal: no nível primário, a libido está ligada ao ato de sugar. É uma incorporação que não dá fim ao objeto. Não há ainda diferença entre Eu e objeto, criança que mama e seio. Não há ainda ambivalência. No nível secundário, troca-se sugar por morder, dando vazão a impulsos sádicos. Nesse estágio, incorpora-se, mas destrói-se o objeto, marcando o início da ambivalência.

Compreendendo a melancolia como uma forma arcaica de luto, Abraham (1924/1970b) destaca a introjeção como um de seus elementos fundamentais, ressaltando a preponderância dessa operação no luto normal (portanto, para além da melancolia) como forma de manutenção do objeto perdido em si. O processo de luto porta então uma espécie de consolo, pensou: "meu objeto amado não se foi, porque agora o trago dentro de mim e nunca mais poderei perdê-lo" (p. 99).

Uma confidência pessoal exemplifica algo desse processo: tendo visto o pai pela última vez num intervalo da guerra em que o achou fraco e envelhecido – e notou seus cabelos e barba brancos e mais compridos que o normal –, Abraham relata como viu seus próprios cabelos subitamente embranquecidos após a morte do pai.

Abraham constrói um sistema de pensamento que, embora declaradamente ancorado no de Freud, não pode ser totalmente confundido com o dele. Nesse sentido, há uma seção no texto de 1924 especialmente interessante, intitulada "Perda de objeto e introjeção no luto normal e nos estados mentais anormais", que traz logo em seu início algumas afirmações um tanto desconcertantes, mas bastante esclarecedoras. Característica do diálogo Abraham-Freud, a delicadeza empregada em suas críticas ao mestre não deixa de demonstrar o funcionamento em ato da ambivalência que Abraham quer apontar no luto e que Freud havia reservado à melancolia.

Para Freud, a ambivalência relativa à perda do objeto amoroso seria determinante do luto patológico. No luto normal, não haveria nada inconsciente na perda, e o conflito da ambivalência emprestaria ao luto uma "configuração patológica", posto que, em condições normais, tal estado "se acha ausente" (Freud, 1917/1992t, p. 183). Portanto, embora seja óbvio que Freud não tenha ignorado a ambivalência como elemento inerente a qualquer processo de luto, sua posição a esse respeito é, em muitos trabalhos, ambígua, uma vez que associa reiteradamente a ambivalência ao luto melancólico, obsessivo, mas lhe confere quase nenhum espaço no que se refere ao que seria um luto não patológico.

Abraham, a um só tempo, demonstra sutilmente certa estranheza contida na ideia de que a ambivalência seria reservada à melancolia, indicando a obscuridade do empreendimento psicanalítico face ao luto normal, e destaca a preponderância do processo oral de introjeção:

> *É bastante fácil observar, em certos casos, como a perda de objeto e a sua introjeção se realizaram, mas devemos lembrar-nos de que nosso conhecimento desses fatos é puramente superficial, porque não podemos fornecer nenhuma explicação deles, qualquer que seja. Somente através de uma psicanálise metódica é que podemos perceber a existência de uma relação entre a perda de objeto e as tendências a perder e destruir coisas baseadas na etapa mais antiga da fase sádico-anal; e que o processo de introjeção tem o caráter de uma incorporação física, por via bucal. Além disso, uma visão superficial deste tipo impede apreciar a totalidade do conflito de ambivalência que é inerente à melancolia. Espero que o material que apresentarei nestas páginas ajudará, até certo ponto, a preencher essa lacuna em nosso conhecimento. Gostaria de indicar em seguida, contudo, que nosso conhecimento do que se passa no luto normal é igualmente superficial, porque a psicanálise não lançou luz sobre esse estado mental nas pessoas sadias e nos casos da neurose de transferência. É verdade que Freud fez a observação muito significativa de que o grave conflito de sentimentos ambivalentes de que padece o melancólico se acha ausente na pessoa normal. E não sabemos presentemente, com exatidão, como se realiza o processo de luto na mente normal. (Abraham, 1924/1970b, p. 96)*

A discussão acerca do fenômeno da ambivalência não é, portanto, ponto pacífico entre Abraham e Freud. Acompanhamos em sua correspondência diversos momentos em que essa discussão está, de certa forma, na base de outro ponto de discordância: a autocensura melancólica, que Freud via, *grosso modo*, como uma censura dirigida a um objeto externo que fora internalizado. Em cartas de 6 e de 31 de março de 1915, Abraham afirma compreender a identificação com o objeto de amor, mas não a totalidade da ideia de que as recriminações seriam, de fato, redirecionadas do objeto ao Eu. Sua experiência clínica, relata, trazia casos em que a autopunição masoquista era consequência de uma condenação imposta a si pelo dano causado ao objeto, ao menos em uma espécie de onipotência de pensamento. A partir da concepção, então, de que o narcisismo teria como ponto-chave a identificação, e que a incorporação estaria em sua base, conclui que a identificação melancólica, calcada em um processo identificatório "normal", conglobaria manifestações amorosas e destrutivas (Freud & Abraham, 1965).

Há todo um conjunto articulado em torno do contínuo melancolia/luto, em que a ambivalência própria da melancolia não pode ser separada em estado puro no luto, basicamente porque aquela seria procedente deste. As primeiras decepções do *infans* em relação à mãe na fase oral sádica poderiam, para Abraham, causar um impasse em que o ódio, ao superar o amor por ela, teria um efeito paralisante, que viria a se manifestar como uma profunda desesperança encontrada nos estados depressivos. Assim, para ele, a autocensura poderia ser pensada como uma reversão a si mesmo do ódio contido nos impulsos orais sádicos experimentados primeiramente em relação à mãe pelo melancólico.

Um processo de depressão primária na infância ligada à perda dos primeiros objetos tem como seu protótipo o desmame. Nesse sentido, a retirada do seio exerce um efeito sobre o bebê que é reatualizado em todo processo de perda posterior, trazendo consigo algo da ambivalência originalmente ligada à mãe (Abraham, 1916/1948b).

A partir do entendimento do fenômeno da perda do seio como constituinte do humano e sua reatualização em perdas subsequentes, gerações de analistas obtiveram uma base na qual um universo de desenvolvimentos posteriores se tornou possível.

Lagache (1938), por exemplo, observou como "a sucção do seio materno é, na existência individual, a origem da comunhão: a predisposição às formas patológicas do luto encontra uma base instintual na fixação oral ao seio materno" (p. 6, tradução nossa).

No entanto, foi Klein quem se esmerou em demonstrar a centralidade da culpa em todo processo de luto, na medida em que remete à posição depressiva, e, consequentemente, tende à busca por reparação. Face à cisão característica da fase esquizoparanoide (em que bons e maus objetos operam independentemente e conferem ao objeto perdido características extremas dificilmente conciliáveis), quando o enlutado consegue compreender a unicidade de seu objeto de amor, entende a possibilidade de o haver danificado e como consequência lança-se à tarefa de repará-lo. Assim, para Klein (1940/1996), o restabelecimento bem-sucedido pelo luto via introjeção do objeto de amor perdido significa que os objetos internos amados serão restaurados e recuperados.

A ligação da posição depressiva infantil ao luto normal implica que:

> *a dor trazida pela perda da pessoa amada é muito ampliada pelas fantasias inconscientes do sujeito, que acredita ter perdido seus objetos internos "bons"*

> *também. Ele tem a impressão, portanto, de que os objetos internos "maus" tornaram-se dominantes e que seu mundo interno corre o risco de desintegrar. Sabemos que a perda da pessoa amada cria o impulso de reinstalar o objeto amado perdido dentro do ego (Freud e Abraham). A meu ver, porém, o indivíduo não só joga para dentro de si (reincorpora) a pessoa que acaba de perder, como também reinstala os objetos bons internalizados (em última análise, os pais amados), que se tornaram parte de seu mundo interno desde as etapas mais arcaicas de seu desenvolvimento. Tem-se a impressão de que estes também foram destruídos sempre que se passa pela morte de uma pessoa querida. Como consequência, a posição depressiva arcaica é reativada, juntamente com as ansiedades, a culpa e os sentimentos de perda derivados da situação da amamentação, da situação edipiana e de todas as outras fontes. (Klein, 1940/1996, p. 396)*

Processos em curso durante o "desenvolvimento inicial normal" da criança são revividos de forma alterada durante o luto, que, ao reativar a posição depressiva infantil, põe em ação um tipo de trabalho psíquico que aciona transitoriamente um estado maníaco-depressivo. O luto, nesse sentido, teria sempre algo em comum com quaisquer "experiências infelizes" (Klein, 1940/1996, p. 403).

No entanto, posição depressiva arcaica e luto normal não são fenômenos idênticos, ainda que impartíveis. Ao perder, por exemplo, o seio materno ou a mamadeira (que se tornou um objeto interno protetor, um objeto bom), o bebê sofre a despeito da presença real da mãe. Não se trata da ausência de um objeto total – que só pode ser sentida uma vez que tal objeto esteja constituído como total – diferentemente, contudo, do adulto, cujo pesar é fruto de uma perda real de uma pessoa real. Nesse caso, o estabelecimento de bons objetos, de uma "mãe boa dentro de si o ajuda a superar essa perda avassaladora" (Klein, 1940/1996, p. 404).

Nesse sentido, as crianças pequenas que estão no auge dos conflitos impregnados do medo da perda da mãe externamente, pois seu estabelecimento interno ainda não foi realizado com segurança suficiente, permitem perceber a função psíquica fundamental desempenhada pela alteridade.

Na situação exemplar da criança pequena que transita entre os medos internos e as ameaças externas, entre as fantasias destrutivas e o peso da real e eventualmente traumática possibilidade de desvanecimento da pessoa cujo suporte físico possibilita tais elaborações inconscientes, Klein observa que a presença real da mãe e sua relação com a criança são determinantes das suas possibilidades, das construções de saídas que pode empreender, assim como, "se o indivíduo de luto está próximo a pessoas que ama e que compartilham de seu sofrimento, se ele é capaz de aceitar sua compaixão, há um estímulo para a restauração da harmonia em seu mundo interior, e seus medos e sua dor se reduzem com mais rapidez" (Klein, 1940/1996, p. 404).

A organização pulsional, então, que, como observara Freud, desorganiza-se a partir do desprendimento libidinal do objeto e dos conflitos decorrentes da perda, impõe uma difícil tarefa de redimensionamento e de religação. Laços de amor, amizade e suporte social são importantes e de certa forma necessários ao acolhimento do sofrimento daqueles que enfrentam as perdas, na medida em que estabelecem condições essenciais ao psiquismo para sua mobilização rumo a um trabalho colocado em marcha pelo luto.

Um necessário horizonte alteritário cuja dimensão pública é frequentemente impregnada de demonstrações ostensivas de dor, que têm como função estabelecer a distância necessária para que o enlutado situe sua perda em um espaço simbólico. Demonstrações públicas de luto facilitam ao privado sua expressão, como demonstram as milenares carpideiras.

Quando se correspondia com Freud acerca do texto de "Luto e melancolia" (1917/1992t), Abraham notara um fenômeno intrigante que abriu caminho para a compreensão de aspectos importantes dessa delicada tarefa no processo de luto. Abraham percebeu como, após uma perda significativa, recorrentemente se observa um crescimento libidinal, correlato à mania em relação à melancolia, mas que é no luto normal aquilo que responde por um movimento análogo em direção a um reequilíbrio da balança pulsional.

Escreveu Abraham, em carta de 13 de março de 1922:

> *Em meus casos se manifesta com clareza a incorporação do objeto de amor; tenho um material magnífico para sua interpretação, que ilustra o processo em todos os seus detalhes. . . . Você dá falta, no desenvolvimento de um luto normal, de um processo que corresponda à mudança da melancolia à mania. Pois bem, creio poder identificá-lo, sem saber se a reação a que me refiro é um fenômeno regular. Tenho a impressão de que muitas pessoas apresentam, passado algum tempo da morte de um ser querido, um incremento da libido; este se expressa em um aumento do desejo sexual e leva as pessoas com certa frequência, por exemplo, a procriar pouco tempo depois do falecimento de alguém próximo. Gostaria de saber o que pensa disso e se pode confirmar essa observação. O crescimento da libido simultaneamente à perda do objeto aperfeiçoaria o paralelismo entre luto e melancolia. (Freud & Abraham, 2002, p. 475)*

Vale destacar que a carta de Abraham, a despeito de seus valiosos achados, foi sintomaticamente objeto de uma sequência de desentendimentos e confusões. Primeiro, quando Freud, ao reler a carta após quinze dias, interpreta haver esquecido de enviar a separata de "Luto e melancolia" pedida por Abraham como reação inconsciente ao fato de acreditar que este ignorou sua hipótese sobre a mania contida em "Psicologia das massas e análise do Eu" (Freud & Abraham, 2002, p. 476). Depois, quando Abraham responde insistindo não encontrar o que procura, e não compreender a falha apontada por Freud (pp. 478-479). Até que, auxiliado por Eitingon, Freud finalmente entende o equívoco: "Você procurava um exemplo normal da transição da melancolia à mania, enquanto eu pensava na explicação desse mecanismo. Peço desculpas!" (p. 480).

Como notou Torok (1995), tamanha série de mal-entendidos não pode ser acaso. Ela "ilustra a aversão que temos a penetrar de maneira íntima, sacrílega, na natureza do luto" (pp. 217-219). Em sua experiência, a vergonha advinda da confissão desse crescimento libidinal permite pensar, para além de um fenômeno expandido ou universal, também a exacerbação de um conflito até então latente, em que o processo de introjeção inacabado faz com que parte não assimilada das pulsões se fixe em "imago sempre reprojetada em algum objeto externo" (p. 226), como uma verdadeira doença do luto.

Uma imago tornada depositária da esperança de que os desejos que ela mesma proibiu se realizarão um dia. Enquanto isso, é ela que detém e retém a coisa preciosa cuja falta estropia o ego. O investimento objetal coberto por esse papel imaginal busca a imortalidade do objeto que o ego fixa de tal modo que a doença do luto vem a se configurar como seu destino.

Entretanto, a despeito da riqueza dos achados de Torok e das possibilidades clínicas decorrentes de variações do luto patológico, o crescimento libidinal que intrigou Abraham em sua ocorrência "regular", como fenômeno normal, e não como signo psicopatológico, denota um movimento pulsional acionado pela perda do objeto, em que, para além das possíveis conotações da sexualidade genital, desponta uma aspiração fundamental de sobrevivência que encontra na alteridade seu suporte.

Um movimento expansivo em que o Eu, ao entregar-se ao outro, no afã de recolocar-se no mundo, dá a si mesmo e encontra na imagem de outro uma possibilidade de reconstrução de si. Movimento da ordem daquilo cuja origem Ferenczi observou na constituição do Eu, aproximando-o da dinâmica de amor objetal e, por isso, fundamental quando das separações dos objetos.

Uma dimensão intersubjetiva que visa ao registro da ausência do objeto, exigindo, portanto, reposicionar-se face a ele e de algum modo reconstruindo-o libidinalmente. A falta torna-se, então, ela mesma, objeto, sendo mediada pela via identificatória.

Disso procede a recorrência de ações de sacrifício, de positivação da perda acrescentadas à perda sofrida, como um tipo de consentimento e reconhecimento da morte (Leader, 2011; Lacan, 2016) que têm lugar em rituais em que o enlutado entrega algum objeto, algo de si, ao morto que fica na sepultura (Allouch, 2004). A um só tempo marca-se assim um elemento de continuidade entre morto e vivo, que, paradoxalmente, funciona simultaneamente como possibilidade de separação.

Freud e Ferenczi: luto e introjeção

> *Amor é quando é concedido participar um pouco mais.*
>
> Clarice Lispector

Um primeiro manuscrito, até então desconhecido, de "Luto e melancolia", encontrado por Ernst Falzeder em novembro de 1991, no Freud Archives da Library of Congress (Freud & Ferenczi, 2001), foi enviado por Freud a Ferenczi em 7 de fevereiro de 1915, com o pedido de que fosse remetido a Abraham (Freud & Abraham, 2002, p. 317).

Ele se inicia explicando que o mecanismo da melancolia apresentado toma o luto como seu modelo normal e parte do estudo das neuroses narcísicas. Apresentando então as linhas gerais do que seria a publicação, ressalta que:

> *A melancolia tem um modelo normal no luto, um fenômeno que conseguimos compreender perfeitamente (exceto seu ingrediente principal μΨ [metapsicológico]). O eu tem que reconhecer a prova de realidade de que perdeu seu objeto libidinal e que tem que retirar a libido dele. Inicia-se então um processo que recolhe cada uma das recordações e fantasias de expectativas associados a esse objeto para negá-los expressamente (dissolvê-los), enquanto o objeto perdido conserva ainda sua existência Ψ e desloca todos os demais objetos a um segundo plano. A pessoa que não conseguisse efetuar esse trabalho passaria a um estado de* psicose alucinatória do desejo, *em que o objeto se reteria compulsivamente, quer dizer, em que se produziriam todos os processos do luto, à exceção da negação final. O luto*

> *se caracteriza por anular todo o interesse e toda a libido, o mesmo que faz a melancolia como inibição. É de se supor que* também a melancolia perdeu algo, mas talvez não saiba o quê. *(O incompreensível do luto é a questão metapsicológica de por quê o desprendimento da libido seja tão doloroso)... Frequentemente se tem a impressão de que as autocondenações da melancolia não são outra coisa que condenações dirigidas a outra pessoa, mas desviadas de seu objeto para o próprio eu. Portanto, tratar-se-ia de uma identificação do eu com o objeto libidinal. O Eu está em luto por haver perdido seu objeto mediante desvalorização; no entanto, projeta o objeto sobre si mesmo, e acaba por encontrar-se no fim a si mesmo desvalorizado. A sombra do objeto cai sobre o eu e o obscurece.* O processo de luto não se consuma por catexias objetais, mas pelas catexias do eu. *Tomamos conhecimento de casos similares de uma modificação da catexia do eu mediante a catexia objetal: por exemplo, no amor, o caso do neurótico que compensa os defeitos de seu eu com as virtudes do objeto sexual. (Freud & Ferenczi, 2001, pp. 94-95, grifos do original)*

Entre os vários apontamentos feitos por Freud, que serão detalhados no texto publicado, os investimentos libidinais do Eu face aos objetos destacam-se como elemento metapsicológico do processo de luto, que serão objeto de atenção de Ferenczi. Freud, ao enviar o manuscrito pede os comentários de Ferenczi, embora solicite posteriormente que a carta seja remetida a Abraham. Ferenczi pede para retê-la por mais algum tempo antes do encaminhamento, e responde com instigantes considerações, fazendo uso de seu conceito de introjeção.

> *Sua ideia sobre a* melancolia *me pareceu* muito boa. *Segundo suas hipóteses, a melancolia se situaria entre as neuroses de transferência e as neuroses narcísicas propriamente ditas: o luto pela perda do* objeto *de amor se converteria em luto pelo eu narcísico. O ponto de fixação poderia estar, pois, no estado de transição do narcisimo ao amor objetal, sobretudo dado que se trata de um transtorno do mecanismo de projeção e introjeção (distinção entre eu e não eu). Portanto, a melancolia seria (segundo seu mecanismo) a verdadeira* psicose de introjeção *(deslocamento do afeto do objeto ao eu), enquanto a histeria etc. produziriam somente um deslocamento de um objeto a outro, e a paranoia, a projeção do eu sobre o mundo exterior. Se não se importar, ficarei com o texto da melancolia mais alguns dias, antes de enviá-lo a Abraham. (Freud & Ferenczi, 2001, pp. 95-96, grifos do original)*

Não há registro da resposta de Freud, mas desenvolve-se então um mal-entendido:

> *Querido Professor,*
>
> *Não creio que não tenha entendido a ideia da melancolia. Isto sim, aproveitei a ocasião para fazer honra a minha "introjeção". (O que eu prefiro chamar introjeção, o senhor chama de projeção da sombra do objeto sobre o eu narcisista). Mas minha avaliação de sua ideia sobre a melancolia não se esgotava em recordar esse termo. Não creio que o tenha entendido mal. Entendo-o no sentido de que, em sua opinião, o suicida melancólico na realidade comete um duplo*

assassinato. Mata-se a si mesmo *(a seu eu crítico) e a seu eu amado, que já não merece seu amor, depois de haver conseguido (o eu narcisista) enganá-lo (ao eu crítico) durante um tempo. Como origem da enfermidade, atua a decepção de outras pessoas que serviram de modelo ao eu narcisista e cuja desvalorização revela a própria falta de valor. A melancolia é, por consequência, um caso de enamoramento infeliz (indigno) de si mesmo, enquanto o demente está casado felizmente com seu eu narcisista, e o paranoico (que não está de todo contente consigo mesmo) sabe manter (ante si mesmo) a aparência de felicidade.*

Por certo, admito que os termos "projeção" e "introjeção" podem ser tomados cum grano salis. *Em todo processo de identificação* coincidem *o narcisismo emanado (projetado) e o objeto incluído no eu (introjetado). Deve tratar-se de um processo constante, oscilante; a projeção e a introjeção denotariam unicamente o* predomínio *de uma ou outra orientação na identificação. No entanto, desde a introdução do narcisismo há que se supor a existência de* dois *limites de identificação (de projeção e introjeção): 1) o limite entre o eu e o eu narcisista; 2) o limite entre o eu narcisista e o mundo exterior. Todos os mecanismos que localizamos no limite do objeto podem existir, igualmente, no limite entre a censura do eu e o eu-objeto.*

Depois de tudo, é possível que não o tenha entendido completamente. Quiçá um caso de melancolia me proporcione o conhecimento que me falta. (Freud & Ferenczi, 2001, pp. 96-97, grifos do original)

Como já ocorrera com Abraham em torno das discussões suscitadas por "Luto e melancolia" (1917/1992t), novamente, agora com Ferenczi, equívocos, mal-entendidos, curiosas dificuldades comunicativas impedem o pleno desenvolvimento de ideias férteis que os discípulos intuem, mas que não encontram imediato acolhimento. Entre tais ideias, o crescimento libidinal observado por Abraham e a introjeção pensada por Ferenczi, a despeito de suas particularidades, coincidem ao apontar para um movimento intersubjetivo evidenciado pelo lugar intermediário entre Eu e objeto no luto.

Os achados que Ferenczi oferece então a Freud, acerca da projeção e da introjeção, são valiosos instrumentos teóricos já em elaboração por ele há alguns anos, que não se confundem com conceitos como identificação e incorporação, embora se aproximem em alguns sentidos e eventualmente tenham sido tomados como sinônimos. Como ele mesmo indica, são conceitos que permitem operar em termos intermediários entre o Eu narcísico e o mundo, termos característicos dos processos de luto, justamente pela problemática em torno do desligamento e da manutenção psíquica do objeto perdido, ou, talvez mais precisamente, de sua reformulação.

À medida que a teoria da libido se complexificava e se enriquecia, o entendimento freudiano acerca da identificação, tanto pela via da incorporação de tipo narcísico como das neuroses, não cessou de "adquirir novos relevos, para constituir, em 'Luto e melancolia', o pivô da compreensão econômica, própria do trabalho do luto" (Torok, 1995, p. 220).

Face ao trauma da perda objetal, a incorporação no Eu revelou-se um destino privilegiado ao possibilitar o tempo necessário ao reequilíbrio econômico do Eu, que assim permite ao enlutado transformar o morto para si mesmo, absorvendo tanto quanto possível os efeitos dolorosos dessa ruptura.

A introjeção, no entanto, é uma extensão da pulsão sexual, originalmente autoerótica, para o mundo exterior, resultando na introdução dos objetos na esfera do Eu. Ferenczi entende todo amor objetal como uma extensão da introjeção. A fusão entre objetos amados e nós mesmos constitui o núcleo do que realiza uma introjeção, que é assim "o mecanismo dinâmico de todo amor objetal" (1912/2011b, pp. 209-210).

Elemento principal do processo de constituição do Eu, uma "introjeção primitiva" ocorre na criança a partir da gradual separação entre Eu e não Eu, em que os objetos são, pela primeira vez, opostos por um Eu que pode distinguir entre uma percepção objetiva e aquilo que é vivido subjetivamente, expulsando os objetos desagradáveis e instaurando um dualismo em que partes do Eu podem assim ser colocadas no mundo exterior. Entretanto, uma parte do mundo exterior não se deixa expulsar tão facilmente e persiste em impor-se, sendo reabsorvida pelo Eu.

> *O primeiro amor, o primeiro ódio, realizam-se graças à transferência: uma parte das sensações de prazer ou de desprazer, autoeróticas na origem, desloca-se para os objetos que as suscitaram. No início, a criança só gosta da* saciedade, *porque ela aplaca a fome que a tortura – depois acaba gostando também da mãe, esse objeto que lhe proporciona a saciedade. O primeiro* amor objetal, *o primeiro* ódio objetal *constituem, portanto, a raiz, o modelo de toda transferência posterior, que não é, por conseguinte, uma característica da neurose, mas a exageração de um processo mental normal. (Ferenczi, 1909/ 2011, p. 96, grifos do original)*

Embora, em um nível arcaico, ambos os mecanismos possam confundir-se, como no Eu primitivo que significa sua introjeção libidinal oral por uma fantasia de ingestão (suas variantes, como a salivação, os vômitos etc., tomadas como expressões simbólicas), a incorporação surge onde a introjeção é conceitualmente obstruída.

Tal como Freud (1914/1992n) havia percebido no movimento de apoio (anaclítico), a introjeção se dá a partir de um hiato entre o vazio da boca do bebê e a presença materna. Do grito, passando pelo apelo do choro como via de acesso à linguagem, ou seja, do preenchimento da boca com o objeto materno possuidor da linguagem, a introjeção opera como uma metáfora que supre uma ausência figurando a presença (Abraham & Torok, 1995).

Disso decorre que a melancolia, como uma psicose de introjeção (tal como Ferenczi indica em sua carta a Freud), corresponde a uma tentativa extremada de manutenção do laço amoroso com o objeto perdido.

Isso, diferentemente de um tipo de identificação que opera nos moldes da canibalização, em que a devoração oral faz confundir devorador e objeto em uma espécie de fusão, em que o Eu – subserviente ao objeto perdido no qual, de algum modo, transformou-se – é cruelizado pela sombra do objeto, parcialmente instruída pela pulsão de morte. Nesse caso, há uma persistência do objeto característica do luto melancólico em que aquilo que é canibalizado não pode ser completamente eliminado, insistindo como não dito (Endo, 2016a).

Nos casos de perda traumática de um objeto narcisicamente indispensável, em que a introjeção se vê impossibilitada, é então a incorporação que se apresenta como recurso. É, contudo, um artifício ilusório que nega a lacuna deixada pelo objeto, instalando-o no corpo quase que instantânea e magicamente, por processos próximos à realização alucinatória, tornando-se assim um monumento, uma cripta no seio do ego.

"A cura mágica por incorporação dispensa do trabalho doloroso da recomposição", afirmam Nicolas Abraham e Maria Torok. A recusa de introduzir em si a parte de si mesmo depositada no que está perdido é simultaneamente recusa de saber justamente o "verdadeiro sentido da perda, aquele que faria com que, sabendo, fôssemos outro, em síntese, é recusar sua introjeção" (Abraham & Torok, 1995, p. 245).

Se a incorporação pode ser resumida como a instalação, via fantasia, pela qual um sujeito faz entrar e conserva um objeto no interior do seu corpo, a introjeção diz respeito a um processo em que o que se busca é a inclusão de objetos atraídos a si pela esfera de interesses do Eu, que então se tornam material de fantasias conscientes ou inconscientes. Trata-se de um alargamento do Eu, o que é diametralmente oposto, em termos de direção, a uma incorporação.

Como notou Pinheiro (2016), se incorporar o objeto monumentalizando-o secretamente significa recusar a introjeção, é porque esta visa não à inclusão do objeto em si, mas antes ao universo simbólico do qual é portador. Ferenczi pensa o aparelho psíquico como um aparelho de linguagem, que é operacionalizado pela introjeção. O que a introjeção verdadeiramente busca não é o objeto em si, mas poder apropriar-se dos sentidos dos quais ele é portador.

O psiquismo ferencziano é inelutavelmente constituído no seio da alteridade e nos encontros potencialmente traumáticos daí decorrentes (Ferenczi, 1928/2011e, 1929/2011f, 1933/2011h), e a introjeção é o mecanismo pelo qual a realidade é apreendida pelo sujeito, e sua inserção na cultura possibilitada. Apropriando-se de sentidos fornecidos pelo objeto, o aparelho psíquico é necessariamente um aparelho de interpretação, que encontra nas primeiras identificações uma mediação possível para essa produção de sentidos.

> *Esse aparelho que se apropria do sentido dado pelo objeto é, necessariamente, um aparelho de interpretação. Desse modo será capaz de forjar as identificações por traço, como as descritas por Freud na etiologia da histeria. Será também capaz de articular, por deslocamento, cadeias de representações no movimento da transferência ou do amor em uma articulação da cadeia associativa em que a dialética da interpretação do desejo do outro obriga ao movimento da condensação (identificação histérica). Dora, por exemplo, apropria-se da tosse, que é um traço que dá conta da interpretação que ela fez do desejo do objeto. . . . Pelo viés da introjeção, Ferenczi . . . descreve a produção fantasmática. (Pinheiro, 2016, p. 34)*

Nesse sentido, se a introjeção obedece ao princípio libidinal cujo movimento natural é o de aglutinação, a identificação é o que possibilita tal apropriação. Pinheiro descreve a marca "típica" de Ferenczi – que pode ser depreendida de seu texto de 1909 sobre transferência e introjeção (1909/2011a) – precisamente pelo viés narcísico que sua metapsicologia comporta:

> *Se em Freud até então a identificação era compreendida por meio da concepção de objeto da pulsão, da sexualidade, do edipiano, etc., naquele momento, Ferenczi considera que a identificação é possível graças à constituição narcísica da subjetividade. A criança obedece ao pai, que é o alvo da identificação pela sua força e grandeza, e no mecanismo de identificar-se com*

> *o pai, ela estaria obedecendo a si mesma. O objeto tem por função, além de ser o portador de sentido que permite a inserção no mundo simbólico, promover o enriquecimento narcísico.* (Pinheiro, 2016, p. 36)

Não havendo ainda sido cunhado por Freud, o conceito de narcisismo é de algum modo antecipado por Ferenczi, na medida em que o movimento introjetivo é o que constrói as bases identitárias que formam o Eu, sendo, portanto, concomitantemente o próprio movimento constitutivo narcísico.

E é por isso que a perda do objeto pode acarretar uma regressão narcísica e uma identificação em que a sombra daquele que se foi toma o Eu, instalando-se nele e tornando-o uma espécie de vassalo sob jugo dos imperativos superegoicos, instruídos pela pulsão de morte. Um "Eu dividido, decomposto em dois fragmentos, um dos quais dirige sua fúria sobre o outro" (Freud, 1921/1992v, p. 103).

Os masoquismos secundários evidenciam a força mortífera superegoica em que culpa e necessidade de punição do Eu a fazem retornar sobre o próprio sujeito, tornando o Eu um tipo de objeto subserviente ao Supereu. Isso aponta também, nos masoquismos secundários, para uma identificação narcísica com um objeto cuja perda mostrou-se intolerável.

Por isso a morte do pai exerceria tamanha influência nas subjetividades melancólicas e masoquistas analisadas por Freud apoiado em Dostoiévski (em torno das tendências parricidas) e Haizmann (à luz do fenômeno da possessão demoníaca). Eles, diferentemente de Freud, encontraram na maciça identificação narcísica ao pai morto um recurso para sua manutenção como objeto psíquico. No entanto, o peso avassalador da presença desses objetos era justamente o que eventualmente lhes levava a tentativas extremadas de livrar-se por atos de exorcismo que os faziam oscilar entre o júbilo e o triunfo pela morte do pai, seguidos por uma punição ainda mais cruel, como observou Kupermann (2003).

Nessas experiências – da possessão demoníaca, no caso de Haizmann, ou nas crises epiléticas, no de Dostoiévski –, há uma vacilação das "fronteiras egóico-narcísicas estabelecidas por seus masoquismos, configurando uma tentativa, ainda que fugaz, de despossessão momentânea do jugo do superego tirânico", aproximadas, portanto, da experiência da sublimação (Kupermann, 2003, p. 208).

Nesses casos, a identificação narcísica tem como efeitos a incorporação do objeto e, portanto, o aumento da carga pulsional mortífera, em um estado de clivagem traumática que tem como desfecho a abolição da singularidade.

Face à desautorização do testemunho de uma criança acerca de uma violência sofrida, por exemplo, a incorporação pode servir como tentativa de preservação da figura idealizada (suporte da introjeção) do adulto agressor. Nesses casos, a autoclivagem da personalidade busca anular o abandono sofrido ao tomar uma parte de si como uma das figuras parentais, uma parte do Eu cuidando, portanto, da outra parte, ferida (Ferenczi, 1931/2011g).

Nesse sentido, clivagem traumática e identificação narcísica se aproximam – diferentemente, contudo, de outro tipo de identificação, em que menos o superego mortífero e mais o ideal de ego se fazem presentes, como aquela que Freud experiencia na Acrópole. Nela, há uma divisão que não se dá em função de um obstáculo instransponível, mas encontra-se mais próxima da ordem da sublimação, ao possibilitar ao sujeito acessar a função do ideal:

> *na alegria sublimatória persiste a marca da finitude do sujeito, que não é elidida no ato criativo, e que constitui*

> *uma importante diferença para com as formações idealizadoras próprias dos destinos melancólicos e masoquistas. No desvanecimento das fronteiras egoicas que tem lugar na sublimação, não se trata, portanto, de recusar a perda do objeto fazendo com que sua sombra caia sobre o ego, promovendo a renúncia do sujeito desejante através de sua possessão. Ao contrário, o processo de identificação sublimatória que aí ocorre parece se aproximar do trabalho do luto, no qual a perda do objeto é precondição para o movimento de saída para "fora de si"..., através do qual as fronteiras egóicas são superadas na busca de novos objetos de satisfação. Tratar-se-ia, assim, acompanhando a diferenciação sugerida por Freud entre a identificação e a paixão presente no fascínio e na servidão próprios da idealização, de uma introjeção do objeto, no sentido que se pode encontrar em Ferenczi..., através do qual o ego se enriquece com a aquisição de sentido e com a perpetuação do movimento desejante, ou seja, com a ampliação de seu erotismo. . . . É a experiência de desterritorialização, vivida pelo ego narcísico como desamparo traumático, que o faz optar pela identificação narcísica com um objeto que pretende lhe oferecer a garantia idealizada da sua imortalidade. (Kupermann, 2003, p. 216)*

O desinvestimento do objeto é frequentemente impedido pelo fato de que fazê-lo seria, em última análise, desinvestir-se, perdê-lo seria perder a si mesmo, pois investir maciçamente um objeto narcisicamente é "investir-se a si mesmo no espelho do objeto" (Rosenberg, 2003, p. 129). Desse modo, o trabalho de luto encontra no narcisismo uma "alavanca de desapego do objeto" no sentido da criação de uma possibilidade de investimento de si, enquanto na melancolia o narcisismo age precisamente no sentido oposto.

O objeto, suporte de forças pulsionais antagônicas, é responsável pela possibilidade de sua intricação. Sua falta, como é o caso no luto, tem como corolário a desintricação pulsional, que, portanto, desafia a libido em suas possibilidades de ligação. Caso, contudo, a libido possa conservar o objeto sem seu despedaçamento completo, a pulsão de morte oferece a possibilidade de uma "estruturação complexa do objeto, tornando assim possível, da parte do eu, uma relação nuançada com o objeto" (Rosenberg, 2003, p. 163).

Uma relação nuançada com um objeto estruturado de forma complexa significa algo distante dos polos do encerramento em uma intricação pulsional aprisionante e da desintricação mortífera. Desse modo, abre-se espaço para um redimensionamento do objeto no mundo interno que permite maior flexibilidade e diversidade entre Eu e outro a uma distância suportável que permite a manutenção do desejo.

A possibilidade de experimentação do desligamento do objeto, operada por uma dessexualização que desliga a libido do objeto para voltá-la ao Eu, é, no trabalho de luto, condição da retransformação da libido do Eu em libido sexual. Nesse caso, a presença da pulsão de morte no Eu ocasionada pela desintricação pulsional (possibilitada pela libido dessexualizada) é mote para o movimento de reinvestimento objetal, enquanto, no caso do trabalho de luto impedido pela superidealização do objeto perdido, é a alimentação do sadismo superegoico o corolário da presença da pulsão de morte, e não a desterritorialização necessária aos processos sublimatórios.

O luto como transformação de si e mobilização do mundo

O luto é uma mobilização do mundo.

Pierre Fédida

A se tomar ao pé da letra a definição freudiana contida em "Luto e melancolia" (1917/1992t), os destinos possíveis do luto podem parecer esquemáticos demais: substituição de objeto, identificação de modo "aquisitivo", um tanto estanque, talvez, um a um entre enlutado e morto, de modo supostamente apartado do laço social. No entanto, o aprofundamento do que constituiria o problema identificatório do luto revela que, a despeito do termo substituição, não é possível entendê-lo no sentido de uma simples troca de um objeto por outro, de um ser amado perdido por outro ser que poderia ocupar exatamente o mesmo lugar. Para além de uma topologia em termos de alojamento objetal, a economia pulsional e a dinâmica dos jogos inconscientes mobilizados pelo trabalho de luto – longe das identificações melancólicas, estas sim por definição imóveis e estanques – significam a ocorrência inexorável de alterações psíquicas profundas e sempiternas e que novos desenvolvimentos advirão da ausência presente dos mortos e também de novas relações com o novo estatuto dos objetos perdidos internalizados.

Kernberg (2010), que escreve a partir de sua dupla experiência de analista e de alguém que sofreu a perda dolorosa de uma companheira de vida, define o tipo de identificação decorrente do trabalho de luto como aquela em que um processo complexo ocorre, incluindo "pelo menos a internalização de uma relação com o outro significativo, a modificação da representação de si influenciada pela representação do objeto e a manutenção dessa relação de objeto internalizada" (p. 617, tradução nossa).

Nesse caso, pensou Kernberg, há um potencial para sua eventual reativação não apenas diretamente, no sentido de uma busca de substituição por um objeto de algum modo similar, como também uma reativação com função oposta, no sentido de recriar a relação enquanto o sujeito se identifica com a representação do objeto e projeta a representação de si em outrem. A persistência da relação internalizada no processo de luto opera como uma combinação da representação do outro em relação a si, dos valores internalizados no Eu ideal e da identificação de si com o objeto perdido, que funcionam, portanto, como processos complementares em curso no processo mais amplo de identificação com o objeto perdido.

Uma identificação, portanto, que ultrapassa a descrição canibalística, no sentido de que a abertura a novos investimentos não pode então ser admitida como uma substituição propriamente dita, mas pode significar novos gozos advindos de lugares que novas relações ocuparão, com um Eu marcado pela perda e por ela transformado. Um Eu que consente em perder algo daquilo que foi para aqueles que se perderam, que abre mão de um pedaço narcísico de sua própria imagem.

Um analisando me diz que "conviver com o luto é como sentir um eterno retrogosto. Você experimenta coisas novas, pessoas novas, gosta delas, mas aquele gosto que persiste lá atrás já faz parte do seu paladar. Não dá para saber como seria de outro jeito, porque é você, é como você sente".

Aquilo a que estamos muito intimamente ligados, os laços que nos unem às pessoas amadas, ideais, valores, são laços constitutivos que, uma vez rompidos pela separação, transtornam-nos e nos obrigam a reconstruir-nos, visto que nosso inconsciente é de certo modo constituído pelo fio sutil que liga as diversas separações dolorosas da nossa existência.

A desorganização corporal, decorrente do desencontro entre pulsões e objeto que as orientava, abala a sustentação fálica do corpo do sujeito que perde o valor que lhe conferia o lugar até então ocupado junto ao desejo do Outro, como pensou Lacan. O luto pelo "lugar de onde o sujeito cai ao perder aquele(a) cuja falta ele supunha preencher" é da ordem de um abatimento de si, para além da saudade, da falta, da dor da perda (Kehl, 2009, p. 204).

Para que tal abatimento não faça do trabalho de luto um desmoronamento de si, é preciso permitir-se abandonar aquele que abandonou, prescindindo do autoerotismo da tristeza que, tornada paixão, pode levar a um isolamento do mundo em que somente ela, a tristeza, torna-se verdadeira companheira do enlutado.

Incidindo sobre as pulsões e sobre o registro privilegiado do amor, que é de ordem essencialmente imaginária, o tempo do luto, não atrelado a um prazo cronológico, protege o psiquismo da desorganização causada pela perda, trabalhando para a composição de um inédito ritmo que corresponda às modalidades de presença/ausência do objeto e sua representação inauguradas com sua perda real (Kehl, 2009).

Nas belas palavras de Fédida (1999): "o luto é em primeiro lugar uma relação com o tempo: o efêmero garante o tempo. Mas da mesma maneira que a memória, ele precisa do luto para passar pela prova da lembrança e descobrir momentaneamente a impotência do esquecimento" (pp. 47-48). Um tempo que auxilia a evitar confundir a angústia da identificação narcísica primitiva – que pode ser interpretada como consequência da perda traumática de objeto – com angústia do Eu de não ser capaz de sobreviver após o desaparecimento do objeto.

A presença do analista pode então ser convocada para evitar que o anteparo erigido pelo luto para proteger o enlutado de sua própria destruição, por meio de uma defesa depressiva, falhe ou venha a enrijecer diante da possibilidade de desmoronamento narcísico, tornando o corpo sepultura imóvel que guarde o morto.

Nesse caso, uma tal resolução canibalística encontra-se do lado da melancolia:

> *Apropriar-se das qualidades do outro – é assim que as coisas se passam no festim canibal resolutivo do luto – não constitui de forma alguma uma resposta para a questão colocada pela* angústia da perda. *Ao contrário, vemos aqui se confirmar a função de ilusão contida pelo mito canibal – quer ele seja sonho, fantasma ou delírio. O canibalismo deriva de uma verdadeira transgressão imaginária de uma falta (privação, perda, abandono, separação, etc. etc.) cujo desconhecimento assume a figura de desmentido do próprio real. . . . o canibalismo compreende essa agressividade presente na própria angústia de perder o objeto de amor e de aniquilá-lo em lugar de a ele renunciar destacando-se dele. (Fédida, 1999, pp. 65-66, grifos do original)*

A dimensão traumática da perda frequentemente impõe ao projeto narcísico ameaças intoleráveis, e, por isso, a identificação maciça com o objeto perdido pode se tornar um recurso protetivo de evitação do colapso. Diante da evidência de uma ferida narcísica para a qual não há cura, como pensou Freud, todo o ser pode se lançar à obliteração do tempo como expediente face à angústia.

3. Luto e trauma

"Para mim o sonho veio ocupar o lugar das lembranças". Disse que agora sobrevivia sem lembranças e sem esperar a morte. "Sem lembranças", disse, "porque para mim nada mais é lembrança. Nada mais é lembrança para mim: tudo é presente, tudo está aqui. E só quando sonho posso lembrar ou sentir remorsos". E quanto à espera, disse, estava convencido de que era uma falácia dizer que se está esperando a morte. "É mentira que se espera a morte", disse. "É mentira". Disse que estava convencido, que racionalmente aquilo era a única coisa que estávamos incapacitados para esperar. "É uma falácia", disse o senador. "Ninguém a espera, ninguém pode esperá-la. Inclusive no meu caso. Sobretudo no meu caso", disse. "Porque a morte flui, prolifera, transborda a meu redor e sou um náufrago, isolado nesta ilha rochosa. Quantas pessoas já vi morrer?", disse o senador. "Imóvel, seco, tratando de conservar minha lucidez e o uso da palavra enquanto a morte navega a meu redor, quantas

pessoas já vi morrer?" Por acaso se transformara naquele que deveria prestar testemunho sobre a proliferação incessante da morte, sobre seu transbordamento? E, caso fosse assim, "como é possível que alguém diga que estou à espera da morte?", disse o senador. "Como é possível que alguém o diga se na verdade eu sou a morte; sou sua testemunha, sua memória, sou sua melhor encarnação". Com um fulgor suave no olhar, o senador levantou uma das mãos: "Ouça", disse, e ficou imóvel, o rosto voltado para cima, como se procurasse algo no ar. "Ouça", disse o senador. "Está vendo? Nem um som. Nada. Nem um som. Tudo está quieto, suspenso: em suspenso. A presença de todos esses mortos me dá agonia. Eles me escrevem? Os mortos? Sou eu quem recebe a mensagem dos mortos?"

Ricardo Piglia

Catástrofes sociais, violências, mortes em situações de graves violações de direitos humanos desdobram-se com frequência em lutos que tomam de assalto o tempo, encerrando-o numa espécie de alargamento aprisionante que, como uma ferida que visa a proteger e curar, mas insiste em não cicatrizar, mantém simultaneamente um sofrimento que não cessa.

No entanto, mesmo naquilo que estaria mais próximo de um luto dito normal, a própria condição do objeto significativo perdido, sem retorno e sem substituto, deixa no tecido do psiquismo uma inscrição. Talvez da ordem de uma ferida também, que, contudo, lentamente cicatriza, tornando-se, com o decorrer do tempo, marca corporal que evidencia algo de uma dimensão inerentemente traumática da perda.

Entre os avatares do trauma, como consequência do choque, retiram-se "dos objetos seu interesse e sua libido para concentrá-los no ego", pensou Ferenczi (1919/2011d, p. 28). Tal movimento libidinal, comum a ambos os fenômenos, é uma das evidências da íntima e inseparável relação entre luto e trauma.

Remetida à dor, a figura da ferida narcísica, tantas vezes evocada por Freud nos momentos mais delicados, indica que a temporalidade da perda comporta algo do golpe traumático, daquilo que pode atingir sem aviso e sem sentido, e depois, só depois, pode ser registrado. Quando trata da morte de Sophie, por exemplo, Freud escreve a Pfister: "Perder um filho parece ser uma pesada ferida narcísista [*sic*]" (Freud & Pfister, 2001, p. 102). A partir dessa ferida, "o que se chama luto só vem, provavelmente, depois" (Plon & Roudinesco, 1998, p. 326).

"Só depois", como se sabe, remete a uma temporalidade traumática em que as tênues linhas entre modos distintos de apreensão da realidade se esvaem, assim como as diferentes abordagens do trauma em Freud oscilam entre marcas endógenas e exógenas de sua causação e permanência no psiquismo. Nos escritos iniciais, envoltos pela sexualidade, posteriormente pelo excesso pulsional não assimilado, o trauma traz ao estudo do luto inflexões profundas, porque também nele se evidenciam as dificuldades acerca da sobrevivência psíquica e da impossibilidade de seu isolamento da condição da alteridade nos destinos das perdas sofridas.

Pensar o traumatismo da perda significa pensar de que forma no interior do trabalho de luto ocorrem transformações do sujeito que, por ela atingido, retornará a perdas anteriores, remetidas à castração, com as quais teve de lidar em seus primórdios, mas também que de forma inédita o privam dos objetos constituintes de si e assim o impelem a uma reorganização narcísica, revisitando-os e revisitando-se tão contínua e longamente quanto o forem seus laços pulsionais. Longe da melancolia, algo de vivo permanece em movimento no sujeito que puder manter de seus mortos uma intensidade pulsional que não precise ser encerrada em um túmulo dentro de si, conservando-os ao custo de sua completa imobilidade psíquica.

Ao perdermos alguém que amamos, estamos perdendo seu corpo, "uma das fontes que alimenta a força do desejo que nos unia, sem com isso perder o desejo de vida que nos habita", escreveu Nasio (2007, p. 69). Mas, assim, perdemos a fonte alimentar de nossas projeções imaginárias e o ritmo que ordenava a força de nossa pulsação desejante, o que significa um declínio da coesão e um esgarçamento do tecido de uma fantasia primordial, anterior à nossa própria estrutura.

Nesse sentido, não é difícil encontrarmos semelhanças entre o choque advindo da ruptura de um laço amoroso e aquele desencadeado por uma agressão física. Da percepção interna do estado traumático de comoção pulsional causado pela súbita ruptura do laço que nos liga ao outro, objeto significativo, irrompe a dor que testemunha o abalo na homeostase psíquica.

Com efeito, menos de três anos antes de "Luto e melancolia" (1917/1992t), Ferenczi (Freud & Ferenczi, 1992, p. 365), que acabara de perder um irmão que havia passado muito tempo gravemente enfermo, escreve a Freud, dias após o anúncio de sua morte: "Eu ab-reagi o luto do meu irmão, completamente, durante a evolução de sua doença, rica em esperanças frustradas" (citado por Allouch, 2004, p. 124). Como observou Allouch, as palavras escolhidas por Ferenczi indicam como o traumatismo pode ser encontrado no coração do luto, fornecendo assim uma trilha de investigação que teria como um de seus pilares o modelo temporal do *a posteriori*, aquele que é também fundamental na sustentação da teoria do trauma.

Essa mesma relação íntima entre trauma e luto já havia sido notada por Freud em "Comunicação preliminar", quando destaca que um dos motivos que podem impossibilitar a ab-reação de um trauma é o luto por um objeto perdido sem retorno e sem substituto. Nesses casos, afirma Freud, "os doentes não reagiram a traumas psíquicos porque a própria natureza do trauma excluía uma reação (por exemplo, a perda, que se mostrou irreparável, de uma pessoa amada)" (Breuer & Freud, 1893-1895/1992, pp. 35-36).

Abraham (1924/1970b, p. 436), por sua vez, notou como, em um caso que tratou como exemplar de luto normal, a elaboração psíquica se pôs em jogo pela introjeção do objeto, cuja perda havia tido um "efeito traumático". Ou seja, Abraham, que não se contentava com as formulações acerca do luto normal, intuía também que o traumático inexoravelmente estaria em ação no luto.

Oriunda do grego "τραῦμα" ("ferida"), derivada de "τιτρωσχω" ("furar"), a palavra trauma, de uso comum e clássico em medicina, remete a uma ferida com efração, ruptura, ou seja, normalmente uma lesão causada por um choque, uma violência externa que vem a atingir o organismo (Laplanche & Pontalis, 2004).

Desde os primórdios da psicanálise, sob a influência da hipnose e utilizando-se da catarse, a ideia herdada da medicina acerca do efeito de um golpe exógeno aterrorizando o corpo mantém-se, acentuando-se o fato de que é tomado de surpresa e tornado testemunha daquilo que essa experiência deixa de rastros não elaborados, aos quais a ab-reação almeja alcançar.

O trauma, afirma então Freud (1888/1992a):

> *é uma causa ocasional frequente de afecções histéricas, em dupla direção: em primeiro lugar, um forte trauma corporal, acompanhado de terror e paralisia momentânea da consciência, desperta uma predisposição histérica inadvertida até então; e, em segundo lugar, por*

> *se converter a parte do corpo afetada pelo trauma em sede de uma histeria local. (p. 56)*

Contra o excesso energético, o psiquismo tem, portanto, de defender-se, mas encontra-se impossibilitado de "escoá-lo". Assim, o afeto permanece em um estado de "estrangulamento", atrelado a um grupo representacional que é submetido a uma dissociação, de modo que a impressão traumática permanece como uma espécie de "corpo estranho" instalado no psiquismo (Freud, 1888/1992a).

Essa invasão é parte integrante de uma teoria específica acerca da natureza do trauma: a teoria da sedução, de conhecido papel na fundação da psicanálise, que partiu da suposição de que uma tentativa concreta de sedução de uma criança pré-púbere por um adulto teria papel determinante na produção de um trauma que estaria na origem das neuroses:

> *Sem dúvida trata-se de uma lembrança que se refere à vida sexual, mas que tem duas características da maior importância. O acontecimento do qual o sujeito guardou a lembrança inconsciente é uma experiência precoce de relações sexuais com irritação efetiva das partes genitais, resultante de um abuso sexual praticado por outra pessoa, e o período da vida que encerra esse acontecimento funesto é a primeira infância [*première jeunesse*], até os 8 ou 10 anos, antes que a criança chegue à maturidade sexual. . . . Experiência sexual passiva antes da puberdade: tal é, pois, a etiologia específica da histeria. (Freud, 1896/1992d, p. 151)*

O corpo histérico seria, então, aquele invadido pelo excesso de outro corpo, marcado pela cisão cuja origem remontaria tanto a seu despreparo interno quanto à força externa do adulto sedutor, perante os quais subsistiria mantendo em si a ambiguidade de um corpo estranho, cindido, que se tornaria palco de seus sintomas.

> *O "corpo estranho" seria precisamente o que indica a presença de um excesso que tornou-se puramente psíquico, um avesso do corpo biológico, o que o funcionamento corporal reflexo fracassou em expulsar (ab-reagir), tendo então de recalcar. Esse "corpo estranho" é, por sua vez, estranho às próprias leis que regem o corpo biológico e, como tal, produto de um isolamento radical e eminentemente psíquico. Corpo estranho que, enquanto recalcado, reivindica a linguagem, ressente-se de sua perda, acentuando com isso a estrangeirice do corpo próprio, uma vez sendo reduzido ao silêncio, tendo seu acesso à fala e à consciência recusados. (Endo, 2005, p. 123)*

As afecções psíquicas, portanto, manterão o signo dessa exterioridade que subsiste no sujeito, uma vez havendo irrompido nele, por meio do afeto que persiste e pelo qual "a agressão continua a habitá-lo", como indicou Schneider (1993a, p. 17). Tal continuidade, entrevia Freud, não poderia, contudo, ser localizada exclusivamente em um momento único, em um evento que pudesse responder solitariamente pelos sintomas que sua clínica acolhia exaustivamente. Com Emma, Freud deslinda, em 1895, no "Projeto para uma psicologia científica" (1950 [1895]/1992aa), aquilo que seria um sentido possível e posterior ao ato que era até então entendido como sede do trauma, tornando sua memória imbuída da lógica do modelo *a posteriori* (*nachträglich*) exposto por Freud a seu correspondente, Fliess, na carta 52, de 1895:

> *Como você sabe, estou trabalhando com a hipótese de que nosso mecanismo psíquico tenha se formado por um processo de estratificação: o material presente em forma de traços da memória estaria sujeito, de tempos em tempos, a um refranjo segundo novas circunstâncias – a uma retranscrição. Assim, o que há de essencialmente novo a respeito de minha teoria é a tese de que a memória não se faz presente de uma só vez, mas se desdobra em vários tempos. (Freud, 1895/1992b, p. 274)*

Emma lembrava-se de que, aos 12 anos, ao entrar numa loja, viu dois homens rindo e pôs-se então a correr, assustada com a cena. Suas associações a levam a pensar que os dois riam de seu vestido, e que um deles a atraía sexualmente. Mas há uma outra cena, lembrada posteriormente, de haver retornado a uma confeitaria, mesmo após haver sido tocada nos genitais, por sobre o vestido, pelo dono. O que sua análise vem a revelar é que sua impossibilidade de adentrar a loja estava ligada inconscientemente ao medo de ser submetida ao mesmo abuso cometido pelo dono da confeitaria. Entretanto, a produção de seu sintoma histérico se deu em função não do ato somente, mas do conflito entre querer ser tocada e não o dever ser, conflito que adquire caráter traumático com o surgimento do afeto de angústia em relação à cena, após o advento da puberdade, ou seja, quando um novo sentido é atribuído ao ocorrido em função de uma nova experiência em um momento posterior de desenvolvimento psíquico.

A interiorização progressiva do "ponto nevrálgico por onde o ser é abordado", em que o ataque externo atinge seus efeitos somente em "conjunção com ataque interno e pulsional" (Schneider, 1993a, p. 14) – mais próxima da concepção do trauma como excesso pulsional não simbolizado que posteriormente ganharia corpo com a introdução da pulsão de morte –, está no seio do abandono da teoria da sedução. Motivado, então, por evidências clínicas, aliadas a observações acerca da realidade social e pessoal (incluindo sua autoanálise e a morte de seu pai, um ano antes), Freud reformula sua teoria e coloca o acento sobre as fantasias e desejos da criança, tirando-o do acontecimento real de uma sedução por um adulto, o que se traduz por um "não acredito mais em minha neurótica", na famosa carta 69, de 21 de setembro de 1897, endereçada a Fliess (1897/1992f, p. 301, tradução nossa).

A histeria encontrava, portanto, sua origem em um traumatismo interno, e não exógeno. O conflito histérico não era da ordem do abuso efetivamente ocorrido, mas do antagonismo inconciliável entre desejo e culpa. O caminho aberto desse modo pela evidência das fantasias permitiu a Freud conceber o complexo de Édipo, cujas inflexões tiveram como efeito que a psicanálise doravante se ocuparia dos sofrimentos que o sujeito se impõe, tornando o papel da realidade exterior limitado e secundário, ao menos até que o tratamento dos soldados que voltavam da guerra a impelisse a reformulações necessárias (Endo, 2009a).

É bem verdade que, nas *Conferências introdutórias* (1916-1917/1992r), Freud introduz a ideia de séries complementares, que buscava equilibrar a balança etiológica da neurose distribuindo os pesos entre fatores predisponentes, em função da organização libidinal, e "exigências da vida", mas o ponto de referência segue sendo a dinâmica pulsional em seu caráter "constitucional". A exterioridade que tinge de ambiguidade o estatuto do trauma, mesmo após sucessivos rearranjos, persiste como uma dificuldade até os últimos escritos de Freud (Endo, 2005).

A teoria do trauma é sintomática justamente dos traumas não assimilados pela própria psicanálise. Atravessando-a do início ao fim, o "próprio corte da teoria da sedução traumatiza a teoria e produz dissociações, desorganizações, recalques, renegações e rupturas nos quais poderiam existir elos e enlaces", como descreveu Uchitel (2011, p. 20). Das dificuldades em assimilar a realidade externa sem pôr em risco a fantasia e, portanto, a própria psicanálise, sem então dissociar realidade psíquica e material, o trauma, retomado após 1920, interroga a teoria profundamente. No bojo das investigações empreendidas a partir do tratamento daqueles que retornavam do *front*, Freud havia então destacado a potência da pulsão de morte, cujo corolorário seria a repetição demoníaca do agir compulsivo, marcada por um excesso inassimilável pelo psiquismo.

Mas se a experiência desses tratamentos recoloca a neurose traumática no centro da obra freudiana, "insiste em deixar lacunas, entre elas o trauma sexual como corolário de uma violência sexual realmente vivida" (Endo, 2005, p. 35). Apenas com Ferenczi a gênese do traumático é repensada a partir da experiência erótica da criança, mas também do papel do agente perpetrador, de modo que a alteridade pode assim ser elevada ao primeiro plano no pensamento sobre o trauma.

É no estatuto da alteridade no interior do pensamento sobre o trauma que uma homologia se oferece ao luto – entre as dimensões endógena do objeto internalizado e exógena do ser que de fato desaparece com sua perda – em relação à exterioridade do choque e de sua interioridade pulsional no trauma. Mas, para além da homologia, o processo de constituição de si pressupõe uma ordem de encontros necessários à inserção do sujeito no laço social, que sempre incorrerá em encontros traumáticos, mas inevitáveis (entendidos sob a ótica do traumatismo inerente à ordem da castração, da estruturação de si), e uma ordem diversa de traumas, desnecessários, violentos e de difícil acolhimento, que estão já do lado da desestruturação psíquica. As perdas inerentes à vida encontrarão frequentemente um tecido psíquico capaz de absorver seu impacto e integrar a falta do ser amado em si, ainda que de forma dolorosa, enquanto aquelas que desestruturam violentamente usualmente trazem sob o peso de seu golpe a impossibilidade de inscrição simbólica.

Uma perda, afinal, só se pode tornar uma separação se algum tipo de inscrição a simbolizar, se for reconhecida, o que a dualidade morto-enlutado é incapaz de fazer sem o recurso a algum tipo de triangulação num outro tempo, *a posteriori*, tornando-a memória ressignificada. Um desdobramento temporal em que sujeito e objeto, dentro e fora, antes e depois, têm de ser separados, revisitados, mas precisamente desse distanciamento surgem obstáculos que podem cobrir a perda com a sombra total do objeto, se não houver simultaneamente possibilidades criativas de um luto.

Nenhuma intensidade poderia responder solitariamente pela impossibilidade de um luto, no mesmo sentido em que, como notou Schneider (1993a), o que traumatiza propriamente não é o fato de se ter experimentado com muita intensidade o que quer que seja, ou mesmo de não ter experimentado nada, mas o fato "de tê-lo experimentado no escuro, tanto no escuro representativo quanto no escuro afetivo" (p. 26).

Disso decorre que os sofrimentos infligidos ao Eu na neurose traumática encontrem estreita intimidade com os avatares das abruptas interrupções de laços amorosos primordiais, talhando uma lesão a partir da qual experiências afetivas inconscientes podem ter como destino "erguer-se no presente como pedras tumulares de lembranças enterradas nas profundezas, imóveis e inalteráveis como um monumento" (Ferenczi, 1916/2011c, p. 297).

Ferenczi e o trauma

Já não quero dicionários
consultados em vão.
Quero só a palavra
que nunca estará neles
nem se pode inventar.
Carlos Drummond de Andrade

Ferenczi construiu uma clínica própria a partir de suas experiências com os chamados "casos difíceis" de várias naturezas, como sujeitos traumatizados, neuróticos de guerra.

Para ele seria traumático basicamente todo evento que impusesse ao psiquismo um impacto capaz de mobilizá-lo como um todo. Nesse sentido, o rol de eventos que poderiam ser qualificados desse ponto de vista como traumáticos é bastante grande; pois, mesmo capaz de operar mudanças, o psiquismo inevitavelmente sofre perdas. Contudo, trata-se da seara de traumas que não somente são inevitáveis como necessários à própria estruturação psíquica, ou, em outros termos, que tenham efeitos de ordem da castração, como já observou Pinheiro (2016).

De todo modo, embora inelutáveis, tais traumas advêm da zona intersubjetiva em que o sujeito que se insere no laço social se depara com falhas na recepção dos pais e da sociedade às suas demandas pulsionais. "Dizem respeito ao ingresso da criança na sociedade de seus semelhantes e, quanto a isso, o instinto dos pais parece com muita frequência falhar" (Ferenczi, 1928/2011e, p. 5).

Há, no entanto, traumas de ordem diversa, que impõem ao psiquismo magnitudes pulsionais acima de sua capacidade de metabolização. Violentos, configuram um choque surpreendente, porque inesperado e excessivo. Coexistem, portanto, (ao menos) dois grandes grupos, que, embora possam ser artificialmente separados, são na realidade entrelaçados e constantemente comunicantes. De um lado, traumas que levam à estruturação psíquica, por meio de reorganizações narcísicas, de outro traumas em que não foi possível levar a cabo esse processo de reorganização e, portanto, todo o projeto identificatório do sujeito é colocado em questão.

Se os traumas necessários à estruturação psíquica, remetidos à ordem da castração, coincidem com experiências significativas de perdas simbólicas – frequentemente problemáticas em função dos desencontros e falhas no processo intersubjetivo de inserção do *infans* no laço social –, aqueles desestruturantes coincidem com perdas sem possível simbolização *a priori*, não inseridas numa ordem social estruturada que as possa inscrever.

A respeito deste último grupo, as investigações de Ferenczi, a partir de sua experiência como médico do Exército húngaro no *front* na Grande Guerra, geraram inflexões particularmente importantes para a inscrição traumática e sua relação com a alteridade. Por exemplo, em 1928, escreve "A adaptação da família à criança", em que, como se pode depreender do próprio título, o enfoque é posto não na necessidade de uma criança recém-chegada ao seio familiar se adaptar a ele, mas no oposto: é a família que recebe essa criança que deve a ela se adequar. De forma similar, em "A criança mal acolhida e sua pulsão de morte" (1929/2011f), a guarida ofertada à criança é por ele pensada como parte necessária dos desdobramentos potencialmente destrutivos de sua pulsão de morte.

Paulatinamente, Ferenczi construiu uma teoria do trauma desestruturante que não pode ser compreendida sem o encontro com um outro significativo, uma espécie de traumatismo que não só não pode ser pensada prescindindo dos "adultos", da "família", no caso paradigmático da criança, mas se constitui necessariamente no interior desses encontros e desencontros.

Como demonstra o modelo da violência sexual – o mesmo do qual parte Freud e sobre o qual se constrói a psicanálise –, Ferenczi, sem abandonar a metapsicologia dos processos psíquicos da criança que sofre o abuso, institui no plano teórico elementos que vêm ampliar a cena violenta, indagando acerca da função (seja ela protetiva ou causadora de traumatismos) da alteridade nesse contexto. Assim, opera-se, "no pensamento psicanalítico, uma passagem da concepção freudiana de trauma sexual para uma concepção ferencziana de trauma social", nos termos de Kupermann (2016, p. 14).

Essa concepção abrange, além dos tempos do trauma já indicados por Freud, ainda um outro: a tentativa de integração do choque sofrido, a narração pela criança agredida a outrem e a reação desse terceiro como parte integrante do trauma. Encontra-se na descrição do trauma como confusão de línguas (Ferenczi, 1933/2011h), talvez o modelo mais exemplar nesse sentido.

Ao denunciar a hipocrisia profissional do analista, que, reagindo impassível e friamente ao paciente, seria incapaz de estabelecer uma relação de confiança (o que exigiria inclusive a capacidade de admitir seus erros), Ferenczi demonstra como essa medida defensiva teria efeitos traumáticos. A admissão da realidade dos fatos em relação ao enquadre analítico (o próprio incômodo do analista que precisa ser explicitado ao paciente como realidade), pensou ele, é não somente bem-vinda como necessária. Caso contrário, poderia entrar em curso uma repetição perigosamente apta a uma (re)instalação do trauma, tal qual o da criança violentada por um adulto ignorante da disparidade entre suas línguas. Seria a confiança adquirida pelo analista ao permitir-se "tirar proveito de suas falhas" e admitir os próprios erros "aquele algo que estabelece o contraste entre o presente e um passado insuportável e traumatogênico" (Ferenczi, 1933/2011h, pp. 114-115).

Esse passado insuportável sob risco de repetição é aquele em que uma violência real foi cometida por um adulto amado e desacreditada por outro adulto amado e significativo, em uma verdadeira confusão traumática, como a violência sexual demonstra repetidamente. Nela, "um adulto e uma criança amam-se; a criança tem fantasias lúdicas, como desempenhar um papel maternal em relação ao adulto. O jogo pode assumir uma forma erótica, mas conserva-se, porém, sempre no nível da ternura" (Ferenczi, 1933/2011h, p. 116).

O adulto que, por qualquer razão, confunda as brincadeiras infantis com desejos de uma pessoa sexualmente madura (portanto, que confunda diferentes línguas, como as nomeia Ferenczi), toma por paixão aquilo que é da ordem da ternura, violentando a criança. Essa teria, supõe-se, como reação imediata, "a recusa, o ódio, a repugnância, uma resistência violenta", não fosse "inibida por um medo intenso". Frágeis demais para se oporem à autoridade esmagadora do adulto que as emudece, "obriga-as a submeter-se automaticamente à vontade do agressor, a adivinhar o menor de seus desejos, a obedecer esquecendo-se de si mesmas, e a identificar-se totalmente com o agressor" (Ferenczi, 1933/2011h, pp. 116-117).

Por identificação ao agressor, sua realidade exterior se torna intrapsíquica e, assim, submetida "num estado próximo do sonho – como é o transe traumático –, ao processo primário, ou seja, . . . segundo o princípio de prazer, ser modelado e transformado de maneira alucinatória, positiva ou negativa" (Ferenczi, 1933/2011h, p. 117).

Entretanto, o custo dessa operação é alto: às expensas de manter o adulto idealizado com a esperança de que ele seja introjetado, a criança é forçada a assumir a culpa que é, de fato, do adulto.

> *A impossibilidade de realizar a introjeção mergulharia a criança em um desespero que levaria ao abandono do objeto idealizado. Para não abandonar seu objeto tão amado, a criança se dispõe a se clivar. Nessa clivagem, uma parte dela própria é destruída. Com isso, não caberá culpa ao adulto que de fato a sentiu. É mais suportável para a criança tornar-se ela própria a culpada, a ter de abrir mão do adulto idealizado. (Pinheiro, 2016, p. 126)*

A confusão, nesse caso, é enorme: dividida, a um só tempo inocente e culpada, a criança tem desfeita sua confiança em seus próprios sentidos. Por isso, o movimento de busca por um outro significativo – normalmente um adulto significativo, como a mãe – para confiar seu testemunho, que, contudo, é frequentemente repelido. Essa é a marca principal da originalidade de Ferenczi: o trauma propriamente dito instala-se nesse ponto, no descrédito, na desautorização.

Se a criança do *fort-da*, do jogo do carretel criado pelo neto de Freud (1920/1992u), reencena a dolorosa ausência de sua mãe, aquilo que pareceria uma reprodução de seu abandono, na verdade, é um jogo inventado pela criança que não somente assume ativamente a posição daquele que se separa ou permite a separação, mas assim esboça elaboração pela via de uma incipiente narrativa da própria história. A produção de palavra, seja a partir do amor ou do ódio, enseja produzir sentido, de modo a simbolizar a intensidade vivida em uma situação de desestabilização psíquica.

A criança do modelo ferencziano, violentada pelo adulto, é traumatizada justamente ao ser abandonada pelo adulto junto a quem busca alguma possível simbolização, deslocando-se, portanto, o acento do golpe a partir do qual o psiquismo é atingido para o destino encontrado por quem o sofre. Menos, então, pela invasão do fluxo de excitações, e mais pela impossibilidade de simbolização decorrente da indiferença do outro face a seu sofrimento.

Nas palavras de Ferenczi (1931/2011g):

> *O pior é realmente a negação, a afirmação de que não aconteceu nada, de que não houve sofrimento ou até mesmo ser espancado e repreendido quando se manifesta a paralisia traumática do pensamento ou dos movimentos; é isso, sobretudo, o que torna o traumatismo patogênico. (p. 91)*

A dimensão social do trauma, como pensado por Ferenczi, passa necessariamente pela tentativa de absorção da violência, pelo psiquismo que se esforça para metabolizar um *quantum* energético recebido de surpresa e possivelmente acima de sua capacidade, mas também pelo recurso à simbolização na alteridade, cuja importância à própria constituição do Eu a torna capital para o destino do trauma.

O que faz da desautorização tão problemática e lhe confere o papel determinante no trauma é que aquele a quem o sujeito recorre ocupa o lugar outrora pertencente ao adulto, de quem a criança empresta palavras até poder formular as suas, de quem ela, portanto, faz uso como suporte de sua introjeção libidinal. A posição de autorização ou desautorização do adulto, que pode impedir à criança o acesso à palavra simbolizadora – em contradição com suas próprias sensações e percepções –, advém de ter sido o adulto a sede da introjeção, mecanismo primordial da constituição do aparelho psíquico.

Se o adulto permite à criança ter acesso à palavra própria por meio do empréstimo das suas, confirmando continuamente os limites e possibilidades para tanto nesse encontro oscilante, ele estará em condição de validar sua construção, ou desautorizar seu testemunho, caso em que vacila a necessária sustentação narcísica mantida pela criança.

Não se trata de simplesmente validar a realidade como ela teria ocorrido em oposição à ficção, de entender os fatos reduzidos à condição de verdade *versus* mentira. A ambiguidade é inerente a qualquer enunciado, que encontra, em seu contexto e no momento em que ocorre, a impossibilidade de qualquer aspiração a uma verdade imutável.

No entanto, o testemunho do sofrimento rejeitado pelo adulto, que, incapaz de acolhê-lo por suas próprias dificuldades, encerra-o, captura-o e o imobiliza na univocidade justamente ao opor radicalmente verdade e mentira, rouba a polissemia da fala da criança, o sentido ambíguo das palavras. "Resta à criança engolir essa palavra de senso unívoco e desprovida de ambiguidade. Palavras cristalizadas, radicalmente proibidas de serem pronunciadas e, portanto, de circularem livremente" (Pinheiro, 2016, p. 129).

Em suma, a dimensão assim inaugurada por esse tempo do trauma em Ferenczi demonstra como o testemunho está inexoravelmente em seu cerne. A violência do golpe terá como corolário a dor que atinge e abala narcisicamente, impelindo a uma tentativa de simbolização, que poderá encontrar tanto acolhimento como abandono.

> *Em um primeiro tempo temos um sujeito em sofrimento inédito, e geralmente inesperado, para o qual não dispõe de repertório simbólico capaz de ajudá-lo a promover sentido para essa experiência de vulnerabilidade – o campo da psicossomática é pródigo ao mostrar como o corpo se oferece como destino. Trauma,*

> *sofrimento psíquico e cuidado para o padecimento sem nome. É o tempo que proponho nomear de tempo do indizível. No segundo tempo esse mesmo sujeito busca testemunhar seu sofrimento na presença sensível de um outro confiável. É o tempo do testemunho. O terceiro tempo é aquele que ocorre quando este outro não está disponível para escutar, ou testemunhar, o sofrimento do adoecido, porque é remetido, ele mesmo (o outro), a um estado de impotência tão angustiante que transforma o indizível da dor do doente em inaudível. É o tempo da indiferença desautorizadora. De fato, a indiferença do outro frente ao sofrimento do doente é traumatizante por impedir o suporte, o enquadre e o compartilhamento afetivo capaz de promover sentido às experiências vividas pelo sujeito em estado de sofrimento. Justamente por isso o cuidado é a contrapartida clínica para as situações potencialmente traumáticas provocadas pelo processo de adoecimento. (Kupermann, 2016, pp. 15-16)*

No cerne do trauma encontra-se, portanto, o abandono, a indiferença, ou seja, a falha ambiental. "O comportamento dos adultos em relação à criança que sofreu o traumatismo faz parte do modo de ação psíquica do trauma", insiste Ferenczi (1934/2011i, p. 127). Não raro a criança é punida justamente por ousar vislumbrar o acesso à interpretação, por ensaiar movimentar-se, fazer circularem as palavras que a imobilizam. A partir dessa injustiça, o trauma pode perpetuar-se tanto por uma resposta ativamente violenta por parte dos adultos quanto por um silêncio de morte que endereça à criança a demanda por sua ignorância.

Por isso a angústia, o sentimento de incapacidade e o desprazer encontram na autodestruição uma possibilidade, porque, "enquanto fator *que liberta da angústia*, será preferida ao sofrimento mudo" (Ferenczi, 1934/2011i, p. 127, grifos do original). O abalo da "confiança de si" e "no mundo circundante", resultante da comoção psíquica, pode ter como consequência o desmoronamento psíquico.

"O pior era mesmo o silêncio", diz-me um analisando cuja família se reestabeleceu em seu país de origem após seus avós terem sobrevivido a Auschwitz. Como é relativamente comum em tais famílias, embora soubesse desse único e isolado fato, nada mais podia ser dito, nenhuma pergunta era autorizada. Seu pai, nascido em meio ao conturbado estabelecimento no país no qual se exilaram depois do campo de extermínio, era um homem atormentado por fantasmas persecutórios e não era capaz de conter seu ódio constantemente dirigido aos filhos, espancando-os com frequência. Mas, disse esse analisando, "o pior era mesmo o silêncio". Por vezes, após muito bater, esse pai dirigia-lhe um olhar desapontado e lhe sentenciava: "você não é um ser humano" – frase cruel que resume em sua violência um dos principais objetivos do *Lager*: a dessubjetivação, a desumanização. Em seguida, passava dias sem o ver, sem o olhar, ignorando sua presença, e isso, dizia ele, era verdadeiramente o pior.

Foi esse um dos motes de sua análise, iniciada após a ameaça de uma separação amorosa de alguém que falava tão bem, que detinha tamanho domínio sobre as palavras, que lhe tornava absolutamente impotente, sem qualquer poder de formular suas próprias palavras acerca de sua história, narrá-la, já que seu destino era constantemente determinado por injunções que, por mais duras que fossem, garantiam-lhe um lugar em que ele sabia existir. Recusar-se a isso era como "cair num buraco que não sei onde vai dar, nem se vai dar em algum lugar", dizia. Disso decorreu o trabalho difícil de fazer emergir, no campo transferencial, um reconhecimento advindo da escuta de seu sofrimento, sem reatualizar interpretativamente a violência das palavras reducionistas, mas sem permitir ao silêncio necessário para a formulação vital de algo de si a transposição do limiar que o separava da desautorização de seu sofrimento, que ele mesmo constantemente realizava ao minorizar aquilo que sentia, identificando-se com o lugar do agressor muitas vezes reinstalado por atuações ao longo da vida.

Mas as repetições, as reações ao trauma, notara Ferenczi já em 1909, não devem ser vistas apenas como obstáculos. São, de certo modo, verdadeiras tentativas de (auto)cura empreendidas no seio do processo sintomático. Do trauma, afirmou novamente em 1934, resta, por mais ínfimo e frágil que seja o ser, sempre algum nível de reação. Na natureza, escreveu, "mesmo o ser mais fraco opõe uma certa resistência. (Até a minhoca se empina)" (Ferenczi, 1934/2011i, p. 126).

Pois, dos rastros deixados no psiquismo pelo traumatismo, permanece uma impressão, algo que clinicamente permite ao analista, ao conseguir estabelecer-se como uma inédita figura de confiança, oferecer-se empaticamente, com tato, como testemunha, e assim acolher o testemunho traumático do paciente, que pode ser atualizado nas condições regressivas favorecidas pelo enquadre analítico, como nos estados de transe.

Aproximado das condições do sono e do sonho, esse tipo de estado de transe emula o estado onírico em que impressões psíquicas não dominadas repetem-se, não como mera pulsão mortífera destrutiva, mas como movimento de busca por percepção e descarga em "condições mais favoráveis" (Ferenczi, 1934/2011i, p. 130).

Não seria essa justamente uma das questões em jogo na experiência do luto? Em sua travessia do informe em busca do reencontro pela plasticidade da memória, a impressão traumática exige um acolhimento que dê contorno à dor e um destino à perda do objeto. Condições, portanto, que possibilitem ao reconhecimento da perda o engendramento de modos inéditos de encenar o trauma no espaço comum, distante do encarceramento melancólico em sua desesperada tentativa de congelamento do tempo, por meio das identificações narcísicas maciças. Condições, enfim, que – para além das vicissitudes subjetivas singulares e irredutíveis a generalizações – permitam ao enlutado o testemunho de sua perda, salvaguardado da desautorização de seu sofrimento.

Caso contrário, o enlutado pode se ver forçado a proteger severamente aqueles que perdeu da violência de sua destruição, encerrando-os em uma forma de memória intocada e secreta. Seu desvelamento, que poderia dotar-lhes de alguma mobilidade para além dessas identificações rígidas e estanques, exige um trabalho delicado que não prescinde da possibilidade de testemunho simultaneamente da memória do morto e do sofrimento do enlutado.

Testemunho e memória

O sonho é, de alguma maneira, na noite, o umbral das passagens entre os vivos e os mortos.

Pierre Fédida

Testemunho, representação, inscrição. Rituais, demonstrações públicas de pesar não somente permitem ao trabalho psíquico individual tomar lugar a partir da inserção da perda no laço social como são efetivamente parte dos mecanismos atuantes no próprio interior do trabalho de luto. Uma perda, qualquer perda, precisa ser processada, elaborada e, portanto, representada. Isso significa que algum tipo de reconhecimento é necessário para que ela se torne real, e isso só pode ocorrer se ela for testemunhada.

A falha nesse processo é normalmente sinônimo de impossibilidade pulsional introjetiva, de modo que aquilo que não encontrou espaço elaborativo no encontro testemunhal persiste aprisionadamente incorporado como forma de proteção à iminência do colapso narcísico, da desestruturação do Eu.

Face à desorganização que abala a permanência, os ritos funerários – destinados à satisfação da memória do morto – reclamam a intervenção total e maciça, "do inferno até os céus", de todo o jogo simbólico, como descreveu Lacan (2016):

> *O trabalho do luto se realiza no nível do* logos *– digo isto para não dizer no nível do grupo, nem no da comunidade, embora o grupo e a comunidade, como culturalmente organizados, sejam, é claro, seus suportes. O trabalho do luto apresenta-se, primeiro, como uma satisfação dada à desordem que se produz em razão da insuficiência de todos os elementos significantes em fazer frente ao buraco criado na existência. É todo o sistema significante que é posto em jogo em torno do menor luto que seja.*
>
> *É o que nos explica que toda a crença folclórica estabeleça uma estreita relação entre estes dois fatos: se algo da satisfação devida ao morto fica faltando, é elidido ou recusado, então se produzem todos os fenômenos decorrentes da entrada em jogo, do acionamento da influência, dos fantasmas e das larvas no lugar deixado livre pela ausência do rito significante. (p. 361)*

Dessa desordem deixada pelo buraco criado na existência, o chamado ao sistema significante põe em jogo, respeitado o tempo necessário de recuo intrapsíquico (o recolhimento libidinal), uma necessária triangulação que convida o enlutado a encontrar no nível do *logos*, para o qual Lacan chama atenção, o suporte que permite aos fantasmas encontrar seu bom caminho, reordenando o grupo social ao integrá-los à história dos descendentes.

A dimensão simbólica afetada pelo desaparecimento de um de seus membros exige da comunidade integrar a perda na história dos descendentes, portanto os hábitos se devem encarregar de demonstrar o abalo que decorre dessa morte ao simbolizá-la.

A persistência de movimentos que insistem na inscrição pública e no reconhecimento do nome e da memória de desaparecidos, mortos em situações de violações de direitos humanos, obstina-se exatamente em preservar, proteger suas histórias de tentativas de apagamento ou sequestro, cuidando para simultaneamente endereçar seu sofrimento aos responsáveis ou aqueles que perpetuam as violências que acometeram seus entes queridos.

Assim, apoiados em gestos e lembranças íntimas, seus esforços intentam inscrever na cultura a difícil tarefa de memória, lembrando não somente vítimas e sobreviventes, mas também aqueles cuja responsabilização insere-se numa espécie de "zelo histórico que cuida e preserva o sentido que constitui o sujeito político e social, e lhe confere um lugar que o faria, finalmente, reaparecer no contexto de sua ação política e de sua verdade subjetiva, precisamente desde o lugar do qual fora sacado e desaparecido" (Endo, 2016b).

Em sentido próximo, disse-me uma mãe que perdera seu filho – um jovem negro da periferia de São Paulo, morto sob a acusação de ser um "bandido" que "reagira" durante uma intervenção policial: "Não tenho mais nada para me segurar, só o nome dele. Lutar pelo nome dele é a única coisa que me dá força para não cair de vez". Esperando encontrar auxílio institucional para alterar os documentos oficiais sobre sua morte, ela buscava "alguém que só acredite" no que diz sobre seu filho, alguém a quem ela pudesse confiar detalhes, recordações íntimas, lembranças afetuosas daquele que fora seu filho, não do bandido que havia tomado seu lugar nos registros oficiais, privando-lhe da inscrição pública que permitiria a essa mãe recolher-se em sua saudade abrigando o filho amado ausente. Ela examinava cuidadosamente o modo como eu a olhava e escutava sua história, mas não parecia importar-se especialmente com o conteúdo do que lhe dizia. A memória de seu filho esteve sob constante ameaça, e ela era sua única guardiã. Arriscar-se a testemunhar foi, para ela, um movimento de vitalidade, embora ressaltasse que "ir encontrar ele é uma opção".

Como uma Antígona contemporânea, ela reclamava pelo retorno da humanidade retirada de seu filho, resguardando a possibilidade de encontrá-lo na morte como mote vital para a insistência de reinscrição de seu nome, de sua memória, que protege contra o assédio violento da desautorização e contra o esquecimento denegador.

O traumático do luto reclama reconhecimento, simbolização, destino digno aos corpos, inscrição dos nomes e instauração de uma memória. O justo registro da ausência dos mortos é precisamente o que impossibilita seu esquecimento absoluto e, por isso, torna desnecessária sua presença incrustada fantasmaticamente.

A possibilidade de apego a novos objetos, ocasionada pelas transformações psíquicas do trabalho de luto – havendo feito um inventário do que jamais voltará – requer um trabalho íntimo que precisa ser preservado em um tempo interior, longe de estímulos externos.

Para poder separar-se, o enlutado, que tem como uma de suas tarefas "matar o morto" intrapsiquicamente (Kernberg, 2010; Leader, 2011), só poderá dedicar-se a esse aspecto do trabalho de luto se tiver como garantia a inscrição da memória do morto fora de si. O trabalho ativo de permitir ao objeto perdido definitivamente partir e de entregar ao mesmo tempo algo de si para aquele que se vai (Allouch, 2004; Leader, 2011) significa oferecer um pedaço de si em sacrifício para que o morto parta, o que exige um suporte simbólico externo que sustente a perda.

O paradoxo do tempo-espaço preservado ao enlutado como condição íntima de seu sofrimento singular, garantido pela inscrição social simbólica da memória do morto, foi decerto vislumbrado e formulado por Freud (1982) em sua correspondência pessoal:

> *Sinto que uma pessoa que sofreu uma grande perda tem direito de ser deixada em paz. De fato, acho que esse período de silêncio deveria ser estendido por muito tempo se o medo de parecer incapaz de condoer-me não me obrigasse a comunicar. Sem isso, qualquer coisa que se disser soará como palavras vazias a quem tenha perdido um ente amado. O "trabalho do luto" é um processo íntimo que não pode suportar nenhuma interferência.*
>
> *Meus pensamentos voltam a outra ocasião de penoso luto que o Destino lhe trouxe – mas a mim também –; e não consigo aceitar que tanto sofrimento a tenha atingido, imerecido como sempre em tais casos e fora de proporção com a força com que a natureza a dotou. Onde vamos procurar justiça? Ninguém pergunta pelos nossos desejos, nossos méritos ou nossas exigências. (p. 431)*

O delicado equilíbrio entre a necessária experiência dolorosa de um trabalho íntimo e solitário e a sustentação alteritária de uma memória testemunhada encontra, na indagação atormentadora de Freud, tradução pungente: se os desejos, méritos, exigências do enlutado lhes são despojados, se não lhes resta justiça, que destino se reserva à perda do que jamais retornará, a não ser a manutenção ilusória por meio do próprio psiquismo que se sacrifica e faz-se túmulo para aqueles que não o tiveram?

Por isso a experiência do testemunho se mostra tão crucial no processo de luto. No entanto, entre dar testemunho de uma experiência como simples narração e a construção de um espaço que comporte a complexidade das diversas dimensões envolvidas no ato testemunhal, há considerável distância.

Como destacou Felman (2000), no próprio âmago do trabalho e da ética psicanalíticas, há um estatuto singular do testemunho, tendo-se em vista a permutabilidade entre médico e paciente, dotada de uma dimensão clínica que se caracteriza pelo fato de que o primeiro não pode substituir o testemunho do segundo, de modo que "são necessários dois para testemunhar o inconsciente" (p. 27).

Do relato sobre o sonho de Irma, Felman entreviu no testemunho literário freudiano uma modalidade de acesso à verdade inerente ao relato do sonho, processo discursivo que não só revela, mas concomitantemente gera, a verdade:

> *Freud faz o enunciado científico de sua descoberta de que de fato existe algo como um testemunho inconsciente e que esse testemunho não proposital e não intencional, tem, como tal, um valor heurístico e um valor investigativo incomparáveis. Nesse sentido, a psicanálise repensa profundamente e renova radicalmente o próprio conceito de testemunho, ao sugerir e ao reconhecer, pela primeira vez na história da cultura, que não é necessário possuir ou ser dono da verdade para testemunhar sobre ela de forma eficiente; que o discurso, enquanto tal, é testemunhal sem o saber e que aquele que fala, constantemente testemunha uma verdade que, apesar disso, continua a lhe escapar. Uma*

> *verdade que é, essencialmente, inacessível para o próprio orador. (Felman, 2000, p. 27)*

Uma verdade essencialmente inacessível para o próprio orador e que só poderá ser admitida, de determinados modos e com determinadas condições, em função da escuta oferecida. Tais condições, com efeito, observáveis no interior do tratamento analítico transferencialmente, podem igualmente ser encontradas fora das paredes dos consultórios, nas possibilidades existentes para a escuta do traumático em seu caráter abrupto e extemporâneo, que são a contrapartida do movimento testemunhal daquele que narra seu sofrimento, arriscando-se, sem totais garantias, a entregar algo de si, esperando que do espaço assim instituído sobrevenha uma criação para além do horror.

Diferentemente de modalidades testemunhais históricas, arquiviolíticas e legais, por exemplo, no campo da montagem inconsciente em que não se pode enunciar previamente seu estatuto, a não ser em pleno curso alteritário, no exercício da escuta e da fala no universo associativo livre e flutuante, abre-se, portanto, a possibilidade da "expressão da fala turva, que abdica da autoridade do dizer explicativo rumo à singularidade suposta no dizível, que ainda resiste à representabilidade", sendo o testemunho somente então uma aposta "na perdição ao lugar equívoco da escuta" (Endo, 2008).

Longe das imposições, exigências explicativas do ato testemunhal tomado como dever, o espaço analítico pode então se oferecer como lugar em que, nas palavras de Endo, um "testemunho de si se revela como escuta terceira, diferida e singular" (2008).

Ao inaugurar uma inédita escuta do traumático e um igualmente inédito modo de formulá-lo, o espaço analítico busca a expressão daquilo que a função pública e social do testemunho almejaria, ao possibilitar que, na cena de acontecimento em que o trauma foi vivido, visto, testemunhado, a dor ganhe apropriação singular em meio ao terreno das representações e explicações soberanas.

Nesse sentido, a movimentação posta em jogo no mundo simbólico pelo luto encontra na demanda das palavras um apelo por legitimação que somente com o advento de um terceiro pode ser efetivada, mas que, ao fazê-lo, arrisca ao se expor, pois pode encontrar tentativas normatizadoras que monopolizem e imobilizem as palavras lançadas, encarcerando seus sentidos a uma univocidade violenta. Diferentemente do testemunho que encontra na triangulação signos de registros da perda que paulatinamente são convertidos em mensagem, em circulação dos afetos e palavras, provendo ao luto sustentação a seu trabalho.

A experiência de Dori Laub, psicanalista e um dos fundadores da iniciativa arquiviolítica de testemunhos da Shoah da Universidade Yale, permitiu-lhe observar como, após a catástrofe nazista, uma quantidade enorme de produções testemunhais surgiu após os campos de concentração e extermínio, mas sofreu um declínio vertiginoso, em virtude das possibilidades ainda inexistentes de escuta para essas produções. É também conhecida a história de Primo Levi, que, tendo escrito pouco tempo após ser mantido prisioneiro no *Lager*, veio a ter sua obra publicada somente muito tempo depois, pela rejeição que causava nas editoras que a consideravam "forte demais".

Marcel Cohen, que teve praticamente toda sua família deportada para os campos de extermínio quando criança e sobreviveu por um acaso – por ter saído para brincar –, fez do "trabalho de toda uma vida" o recolhimento de pequenos trechos, objetos, imagens fotográficas e, "em maior medida, de silêncio, de lacunas e de esquecimento" (Cohen, 2017, p. 8). Seus esforços reunidos em livro deslumbram pela delicadeza de transformar objetos inanimados em preciosos pedaços de vida daqueles que lhe foram tomados pela violência. Por permitir, por exemplo, vislumbrar nos detalhes da costura de um cachorrinho de brinquedo feito artesanalmente pelo pai "a prova de uma imensa ternura" (p. 53), a partir da dedução do engenho e paciência que precisariam por ele ser empregados para, a despeito de toda a dificuldade, presentear o filho. Um trabalho, portanto, que parte das periferias para, justamente pelas ausências, restos, fios soltos, dar relevo humano às perdas.

Foi, então, num esforço singular, imperfeito e fragmentário, que Cohen erigiu uma espécie de memorial aos seus mortos, feito de detalhes pinçados de fotos, roupas, objetos, pequenos trechos de recordação, perfumes. Das construções possíveis a partir da visibilidade engendrada por esse esforço surgem memórias que, postas em circulação, entregam-se à virtualidade do luto por aquilo que nunca chegou a ter. Não somente o luto por aqueles que perdera insensatamente, mas também pelas possibilidades que lhe foram tiradas com suas mortes e pelo que de si se forja sobre esse vazio.

Da "vontade de encontrar uma forma ao informe", Cohen (2017) obteve uma única certeza: "são sempre a ignorância, a tenuidade e os vazios que tornam imperativo esse esforço" (p. 9). Situação exemplar dos paradoxos do testemunho, relata ter vivido à sombra da ignorância imposta pelos interditos à memória familiar, e conta que, quando se julgava estar aproximando da mãe, encontrava nos avós injunções absolutamente proibitivas. Eles pediam a ele que assim respeitasse sua dor, de modo que Cohen se via diante de um impasse: adotar tato e respeito para com o sofrimento dos avós significava, em contrapartida, que a tentativa de encontro com a mãe "descobria uma imagem embaçada pelas lágrimas . . . era como se Marie [a mãe] tivesse continuado a ser filha de seus pais e nunca tivesse se tornado a mãe de seu próprio filho" (p. 27).

"Que a linguagem tem algo a ver com a perda e o luto", relata, "isso eu sabia desde a infância: nos trens do metrô, bastava que, sem aviso, surgisse uma parede ou uma curva dos trilhos para que já fosse preciso falar no passado" (Cohen, 2017, p. 27). Contudo, diante dessa evidência, uma advertência é necessária à banalização do ato testemunhal e do necessário cuidado para que ele se sustente como possibilidade vital, não como atualização violenta: ao participar do descerramento de uma placa em memória das jovens mães e bebês que haviam sido mantidos forçadamente internados para serem depois deportados – no hospital em que estiveram sua mãe e irmã recém-nascida –, encontrava-se diante de um orador que homenageava os mortos pronunciando palavras irreprocháveis. No entanto, escreveu, "isso não mudava nada, ao contrário: quanto mais se tenta ocultar os buracos, mais visíveis são os remendos de uma roupa, seja qual for a destreza empregada" (p. 42). Subitamente, percebeu que alguém na multidão chorava, e o orador, para abafar esse indesejado e perturbador choro, elevou sua voz. Escamoteadas a angústia e a vergonha, impôs-se o dever oficial. Para quem recorda, advertiu Cohen, "a memória não tem nada a ver com dever" (p. 42).

A história de um de seus tio é também significativa e exemplarmente paradoxal. Emparedado em mutismo, como muitos precisaram fazer para sobreviver, rompeu em soluços ao ser pressionado a contar o que sabia,

> *incapaz de articular uma palavra que fosse. . . . Sua amnésia era tão perfeita, tornara-se a tal ponto sua verdadeira natureza, que apagara de sua existência trechos inteiros ligados aos mortos. Teria sido desumano arrancar mais do que já contara cem vezes e que já não o consumia. (Cohen, 2017, p. 9)*

Surge, entretanto, uma saída engenhosa, permitindo a suas filhas acesso à história sem lhe impor um dever massacrante: fizeram-lhe perguntas por escrito, para que ele pudesse respondê-las se e quando quisesse. Foi assim que, estando sozinho, pequenos detalhes apareceram escritos: endereços, o apelido de seu pai, pratos que a mãe preparava, o título do jornal lido pelo irmão.

Das múltiplas dimensões do testemunho, as possibilidades de recepção e acolhimento às experiências traumáticas se destacam como meio de acesso a uma fração daquilo que, paradoxalmente, encontra-se majoritariamente fora do campo da representação e, portanto, da narração.

Como se pode notar em português, não é possível separar rigidamente testemunha como "personagem" de seu papel de portador de um testemunho, nem mesmo do próprio testemunho em si. Com efeito, o testemunho tem (ao menos) dois sentidos desvelados por sua etimologia: "*superstes*" (aquele que passa por um acontecimento, uma desgraça, a morte, sobrevive e porta algo disso) e "*testis*" (terceiro, instância que valida o ocorrido) (Seligmann-Silva, 2010).

Sentidos que sofrem de uma certa pregnância dos modelos de percepção e transmissão do testemunho, organizados em dois polos: visual e auditivo. Enquanto "*testis*" está atrelado ao modelo visual que supõe a capacidade de percepção, armazenamento e restituição da cena, ancorando-se na crença de que o trânsito entre o tempo da cena histórica e aquele de sua escrita é possível, "*superstes*" encontra-se do lado do modelo auditivo, em que o testemunho, para além de um meio, é considerado um processo que inclui o próprio testemunhar em seu cerne (Seligmann-Silva, 2010).

Não há, contudo, a possibilidade de separar esses dois sentidos, mutuamente dependentes, assim como historiografia e memória tampouco deveriam ser rigidamente separadas. O testemunho seria assim um "vértice entre a história e a memória, entre os 'fatos' e as narrativas, entre, em suma, o simbólico e o indivíduo" (Seligmann-Silva, 2020, p. 6).

Nesse vértice entre simbólico e indivíduo, as modalidades testemunhais atreladas aos sentidos de percepção foram então assimiladas a aspectos específicos das experiências que se buscavam transmitir e recuperar.

Os estudos sobre a memória cultural, que "tem como seu núcleo antropológico a memoração dos mortos" (Assmann, 2011, p. 37), nesse sentido, tiveram igualmente audição e visão como suas bases de sustentação. A fonte da memória, inicialmente marcada especialmente pela oralidade e pela audição, encontrou desde o desenvolvimento da mnemotécnica romana um deslocamento para uma espécie de "escrita mental, a partir dos locais e imagens (*loci et imagines*)" (Assmann, 2011, p. 31).

A recordação dos mortos como paradigma da memória cultural tem habitualmente sua origem localizada em duas lendas relacionadas a Simônides de Ceos, poeta grego que seria o fundador da mnemotécnica, segundo a primeira lenda. Assman (2011) relata que, encarregado de honrar o pugilista Skopas com um poema durante uma festa na casa deste, o poeta incluiu em sua obra uma longa passagem sobre os deuses (Castor e Polideuces), como seria esperado de acordo com a tradição lírica. Skopas, contudo, irritado, teria dito a Simônides que pagaria somente por metade do combinado, e que a outra metade ele deveria buscar com os deuses. Então, o poeta foi chamado à porta por desconhecidos, mas não encontrou ninguém lá. Nesse momento, o salão desabou, sepultando Skopas e seus convidados. Era preciso, portanto, identificar os corpos para que suas famílias pudessem honrá-los, e assim Simônides inaugurou a atividade da mnemotécnica. Por haver memorizado a ordem e o lugar em que os convidados estavam sentados, ele pôde dizer o nome de cada um dos mortos, ainda que soterrados. Na lenda, sua contribuição foi eternizada como a vitória da memória humana sobre a morte.

Signo da memória entendida como arte (*Ars*), essa lenda fundadora enfatiza um procedimento imagético vinculado à espacialidade, pretendendo desvincular-se do tempo. Mas o caminho apontado pela possibilidade de armazenamento de memória, embora essencial, não prescinde do nexo entre recordação e identidade. Oposta ao armazenamento, a recordação, do lado da potência (*Vis*) da memória, opera essencialmente de forma reconstrutiva, agindo retroativamente do presente ao passado e avançando por

> *deslocamento, uma deformação, uma distorção, uma revalidação e uma renovação do que foi lembrado até o momento de sua recuperação. Assim, nesse intervalo de latência, a lembrança não está guardada em um repositório seguro, e sim sujeita a um processo de transformação. A palavra "potência" indica, nesse caso, que a memória não deve ser compreendida como um recipiente protetor, mas como uma força imanente, como uma energia com leis próprias. Essa energia pode dificultar a recuperação da informação – como no caso do esquecimento – ou bloqueá-la – como no caso da repressão. Porém ela também pode ser controlada pela inteligência, pela vontade ou por uma nova situação de necessidade, e proporcionar uma nova disposição das lembranças. O ato do armazenamento acontece contra o tempo e o esquecimento, cujos efeitos são superados com a ajuda de certas técnicas. O ato da recordação, por sua vez, acontece dentro do tempo, que participa ativamente do processo. No que diz respeito à psicomotricidade da recordação, esquecimento e recordação*

> *estão indissociavelmente intrincados. Um é possibilitador do outro. Podemos também dizer: o esquecimento é oponente do armazenamento, mas cúmplice da recordação. (Assmann, 2011, pp. 32-33)*

A segunda lenda fundante da recordação dos mortos como paradigma da memória cultural - embora menos lembrada - demonstra-se mais intimamente ligada ao éthos psicanalítico, na medida em que a memória é nela ressaltada como efeito de um encontro, da recordação e da empatia, mas também como potência de testemunho que se traduz de forma íntima por sua força imagética, embaralhando as fronteiras entre modelos visual e auditivo, olhar e escuta.

Deparando-se com um cadáver insepulto em terra estrangeira, conta-se que Simônides interrompeu sua viagem, providenciando para que esse desconhecido fosse sepultado dignamente. Na noite seguinte, o fantasma do morto apareceu em sonho e alertou Simônides sobre uma viagem de barco que este faria - que acabou por afundar matando todos os seus tripulantes -, mas que ele, graças ao aviso, não tomou e foi, portanto, salvo.

A partir do deslizamento, nessa lenda, da memória como técnica evocativa espacial para a ênfase numa função mais plástica da memória, surge por meio do espaço do sonho uma possibilidade de encontro entre morto e vivo que cria uma espécie de cuidado mútuo, preservando o vivo que soube dar destino à memória do morto. É precisamente por seu caráter intermediário e lacunar que o espaço do sonho se faz *locus* privilegiado da transmissão do traumático.

Imagens tendem a ser menos dóceis às tentativas de transmissão empreendidas em nome da clareza e do controle da memória. Complexas, multifacetadas e enigmáticas, oferecem-se ao inconsciente como meio privilegiado de transmissão, e possibilitam ao traumático o acesso à memória de forma única.

> *para a imagem e símbolo aplica-se muito mais a intransparência, a ambivalência irredutível. Se a escrita havia sido interpretada como emanação do espírito, entendeu-se à imagem, então, como manifestação de um afeto ou do inconsciente. A vis das imagens, que remonta a seu potencial afeccional incontrolável, faz desse medium da memória, para quem se distancia dos textos como testemunhos desfiguradores, o suporte privilegiado do inconsciente cultural. Enquanto a tradição transmitida pelos textos era clara como a luz do dia, aquela transmitida por imagens e vestígios era obscura e enigmática. Ao contrário dos textos, imagens são mudas e sobredeterminadas; elas podem fechar-se em si ou ser mais eloquentes que qualquer texto. . . . Imagens surgem na memória sobretudo em regiões não alcançadas pelo processamento verbal. Isso vale principalmente para experiências traumáticas. (Assmann, 2011, p. 37)*

Contudo, sem aderir definitivamente a nenhuma das modalidades de percepção e transmissão testemunhal, o aporte psicanalítico carrega a originalidade de introduzir um universo intermediário e lacunar da memória inconsciente, da qual o sonho é o maior expoente. Havendo fornecido a base a partir da qual o método analítico foi forjado, o sonho é um dos pilares de sustentação de uma modalidade testemunhal original.

Ao se aferrar ao modelo onírico, a psicanálise insiste não somente naquilo que se mostra diretamente a partir dos efeitos visíveis da recordação, mas também no que, a partir deles, se revela quanto ao que foi esquecido.

Sem se aferrar a distinções estanques e dificilmente sustentáveis entre a "verdade histórica" e a "fabulação", os sonhos, dotados pela psicanálise de verdade singular inquestionável, trazem então aos estudos sobre a memória um ponto culminante e pródigo. Reservam um potencial de repouso, preservando o psiquismo das tensões entre estímulos internos e externos, realizando um trabalho que, distanciando desejos de seus objetos, representa-os ao recriá-los "a partir das marcas impressas no circuito pulsional redinamizado durante o sonho. Situação em que muitas peças voltam a ficar soltas para se reagrupar sem as exigências das sobredeterminações mundanas que, nesse momento, repousam à espera do despertar" (Endo, 2018, p. 84).

No sonhar, é o próprio corpo que funciona como ancoragem da memória para além do binômio esquecimento-recordação, a partir das imperfeições e de sua impossível reconstituição última e verdadeira.

Um sono para sonhar a morte

Cada vez que sonho com ela (e só sonho com ela), é para vê-la, acreditar que ela está viva, mas outra separada.

Roland Barthes

Entre as imagens visuais e acústicas submetidas aos mecanismos de condensação e deslocamento (Freud, 1900/1992h) no próprio sonhar submetido ao processo primário e em seu relato – já perpassado pelo secundário –, opera um movimento flutuante entre imagem e palavra que torna o sonho um texto (Pontalis, 2005), demandando interpretação, mas simultaneamente estabelecendo também uma experiência, capacidade do sonhar, um espaço do sonho que põe em evidência outra dimensão da polissemia onírica.

Dos muitos questionamentos impostos pela neurose traumática que levaram a inflexões profundas, como a da pulsão de morte, os sonhos – sobre os quais Freud havia edificado um modelo de aparelho psíquico e de seu tratamento – mais uma vez ocuparam o primeiro plano. Foram eles a questionar o modelo do trauma histérico, de realização alucinatória, calcado no reinvestimento de representações ligadas às vivências de satisfação. A entrada da pulsão de morte evidenciou outra função dos sonhos:

> *Se na neurose traumática os sonhos reconduzem tão regularmente o doente à situação em que sofreu o acidente, é evidente que não estão a serviço da realização de desejo, cuja produção alucinatória tornou-se a função dos sonhos sob o império do princípio de prazer. Contudo, podemos supor que por essa via contribuem com outra tarefa que deve resolver-se antes que o princípio de prazer possa iniciar seu império. Esses sonhos buscam recuperar o domínio (*Bewältigung*) sobre o estímulo por meio de um desenvolvimento de angústia cuja omissão causou a neurose traumática. Eles nos proporcionam assim uma perspectiva sobre uma função do aparato anímico que, sem contradizer o princípio de prazer, é, no entanto, independente dele e parece mais originária que o propósito de obter prazer e evitar desprazer. (Freud, 1920/1992u, p. 31)*

Se o sono teria como função narcísica permitir a realização de um trabalho de elaboração do sonho (Freud, 1917/1992s), a neurose traumática evidencia que, entre um e outro, no sonhar como capacidade criativa, uma função "mais originária" precisa ser pensada. Ao ter a própria sobrevivência ameaçada, o terror derivado da experiência catastrófica perturba a função psíquica de preservação do sono reservada ao sonho, tendo como corolário aparentemente puro sofrimento, repetição, dor sem cessar, que levam o psiquismo a tentar desesperadamente parar o tempo da destruição que se anuncia, abrigando-se sob o anteparo da literalidade do sonho traumático.

Como no conhecido sonho apresentado por Freud, em que um filho morto visita seu pai adormecido em seu sonho para lhe advertir que seu corpo queimava, pois uma das velas havia tombado sobre ele. "Pai, não vês que estou queimando!" (Freud, 1900/1992h, p. 504), o filho repreende-o, e ele então acorda e percebe o clarão da vela que queimara o braço do filho morto no quarto ao lado, enquanto o outro senhor que havia ficado em seu lugar para velá-lo também dormia. No instante do sonho, a realização de um desejo, a de que o filho estivesse vivo, torna-se realidade por um átimo. No entanto, um elemento próprio a um sonho traumático se faz igualmente presente: a possível febre que matara seu filho retorna e queima, enquanto o pai é incapaz de auxiliá-lo.

A exacerbação da dor, horror repetido que desafia o campo da representação, condena o pai cujo sono é também signo da morte do filho por seu descuido, por seu sono. Oscilando, então, entre o traumático sem representação e aquilo que ao mesmo tempo forja o representacional, o sonho faz-se experiência como a palavra que, no testemunho, pode ser, no limite do suportável, uma passagem rumo aos mortos, mas que no percurso analítico redunda em uma travessia entre a morte e os mortos.

A capacidade de sonhar da qual se encarrega o sono, que, no espaço analítico articula-se transferencialmente a uma função de cuidado propiciada pelo movimento regressivo (Green, 2008), tem o sonho traumático como paradigma de sua falha. Como escreveu Pontalis, a letra imagética do sonho está então impossibilitada de escrever-se, já que seu invólucro protetor foi rasgado. Sua produção imagética é da ordem de uma "parada da câmera sobre a imagem", portanto, almejando uma figuração que, contudo, deixa ao analista a possibilidade de "consertar o tecido" ou investir na perlaboração como aposta vagarosa, dispendiosa, mas confiante do surgimento de uma criação para além da catástrofe (Pontalis, 1991, pp. 35-36).

A força de atração do sonho, como se esmerou em demonstrar Pontalis (1991) – do lado das representações de coisa – impele a uma visualidade que insiste na repetição traumática transbordante de angústia e que, ao manter-se fiel de forma quase literalizada ao absurdo traumático, faz-se talvez seu modo de testemunho mais fiel (Endo, 2009a). A um só tempo, reproduz-se o excesso que o psiquismo almejaria dominar congelando o tempo, e assim abre-se também uma possibilidade, uma espécie de aspiração que esse resguardo narcísico permite a uma tentativa de recomposição corporal de si por um eventual atravessamento de pulsões de vida.

A questão que se colocou Primo Levi evidencia precisamente como essa aspiração se refaz e se frustra, a cada vez. Figurando o encontro, seu sonho busca aquilo que seria a saída possível do sofrimento intolerável; mas, ao fazê-lo, arrisca expor-se sem garantias.

Pergunta-se ele por que "o sofrimento de cada dia se traduz, constantemente, em nossos sonhos, na cena sempre repetida da narração que os outros não escutam" (Levi, 1988, p. 86). Seu sonho, que talvez seja o de muitos outros que passaram pelas atrocidades dos campos, possivelmente um sonho que "todos ali tenham tido", remonta à felicidade de estar em casa entre amigos, familiares, ter tanto para contar, mas perceber subitamente o desinteresse, o olhar de uma irmã dirigido a ele para então se levantar e ir embora em silêncio. Surge então "uma pena desolada, como certas mágoas da infância que ficam vagamente em nossa memória" (p. 85). Nessa dor, "não temperada pelo sentido da realidade ou a intromissão de circunstâncias estranhas", há algo de uma dessas dores "que fazem chorar as crianças. Melhor, então, que eu torne mais uma vez à tona, que abra bem os olhos; preciso estar certo de que acordei, acordei mesmo" (p. 85).

Uma narração sem escuta, limite em que a proteção do sono precisa ser deixada em prol da preservação narcísica, tem no silêncio, ou, mais precisamente, no olhar silencioso, o ápice do pior medo de um sobrevivente, justamente aquilo que Ferenczi apontara como ponto crítico da traumatogênese. Mas a possibilidade de sobrevivência para o regresso lancinante que vem com a alvorada se mantém simultaneamente nas noites, quando as imagens que os sonhos insistem em criar permitem, a despeito da angústia que sinaliza a possibilidade do pior, também a possibilidade do encontro (Bregalanti & Endo, 2019).

"Todo e qualquer sonho", pensou Ferenczi (1934/2011i), para quem a função primordial dos sonhos seria traumatolítica:

> *ainda o mais desagradável, é uma tentativa de levar acontecimentos traumáticos a uma resolução e a um domínio psíquico melhores, no sentido, poderíamos dizer, do* "esprit d'escalier", *o que na maioria dos sonhos, é facilitado por uma diminuição da inteligência crítica e pelo predomínio do princípio de prazer. Não desejaria, portanto, que o retorno dos restos do dia e da vida no sonho fosse considerado o produto mecânico da pulsão de repetição, mas suspeito de que, lá bem atrás, temos a ação de uma tendência, que deve ser igualmente qualificada de psicológica, para uma nova e melhor*

> *resolução, em que a realização de desejo é o meio pelo qual o sonho conseguirá chegar a ela, mais ou menos bem. (p. 128)*

Os próprios restos diurnos, fragmentos de vida que se oferecem e retornam com o sono, são da ordem, portanto, de uma das principais funções do sonho, fazendo do corpo intérprete das impressões traumáticas dinamizadas fora da palavra.

Da repetição como contingência onírica para a criação de imagens, impressões sem forma revelam algo do trauma buscando figurá-lo. O trabalho assim realizado, de figurabilidade (*Darstellbarkeit*), aponta para uma possibilidade criativa por sua vocação de ligação, que, embora não possa ser identificado à representação propriamente dita, procede à transformação em imagens de intensidades previamente em estado bruto, indicando uma espécie de aspiração, de empreendimento em direção a uma primeira elaboração (Botella & Botella, 2016).

Como recurso para buscar sair do aprisionamento da repetição violenta, um apelo a certo distanciamento que permita sair de si clivando o Eu pode promover a experimentação da cena traumática de um lugar diverso. Uma tentativa de transformação da relação de objeto em relação narcísica permite que, distanciado da realidade, um fragmento de si tenha piedade da parte que sofre.

Uma espécie de anjo da guarda, na figura pensada por Ferenczi (1934/2011i). Esse anjo vê de fora aquele que sofre, tendo esgueirado-se da pessoa durante o processo de fragmentação. Mas, diante das limitações de tal processo, da confissão de impotência desse anjo, algo novo e favorável tem de ser produzido na realidade.

Esse algo, que no encontro analítico traduz-se pelo impulso propiciado pelo fato de que o paciente não está mais inteiramente só, no sonhar por vezes vem convocar uma presença ternária que aspira, na realidade, ao suporte testemunhal para sustentar-se.

Como percebeu Ferenczi (1934/2011i) no seguinte sonho:

> *Uma jovem (uma menina?) está deitada no fundo de uma canoa, quase morta, muito pálida. Um homem gigantesco debruça-se sobre ela, esmagando-lhe o rosto. Na canoa, por trás deles, está um homem de pé, um senhor que ela conhece pessoalmente, e a menina tem vergonha de que esse homem seja testemunha do evento. A canoa está cercada de picos montanhosos extremamente altos e abruptos, de modo que ela não pode ser vista de nenhuma parte, exceto de um aeroplano que voa a uma distância incomensurável. (p. 131)*

A fragmentação exibida entre aquela que, na cena onírica, sofre o abuso e, simultaneamente, o pratica (identificada ao agressor) reproduz a sensação de estar quase morta e em aflição; contudo, desdobra simultaneamente a função da testemunha que toma lugar de dentro do barco mas também de fora dele, de um lugar muito distante: "é, no máximo, Deus quem está no céu ou um aviador voando a grande distância, ou seja, alguém emocionalmente desligado dos acontecimentos, que poderia espiar o que acontece" (Ferenczi, 1934/2011i, p. 132).

Colocando-se então de forma externa e distanciada, a capacidade reflexiva do sujeito no sonho sinaliza uma aspiração potencial de cuidado, ao mesmo tempo que o apelo ao outro terceiro, nesse caso o aviador, convoca o reconhecimento alteritário.

A perspectiva trazida pelo sonhar ultrapassa aquela do testemunho como necessidade autorreflexiva ao clamar, convocar testemunhas para seu testemunho, que no espaço analítico se configura como advento da triangularidade, não somente acolhendo ou contendo, mas reconhecendo, na esteira e no bojo do movimento onírico que esboça a criação potencial, as possibilidades vitais que o congelamento traumático esconde (Antonello & Gondar, 2016).

Por isso os sonhos oferecem ao trabalho do luto um espaço privilegiado, espécie de reino intermediário entre vivos e mortos em que figuras, imagens, confundem algo que resta daqueles que partiram com o sonhador, que ao mesmo tempo entrega algo de si e se oferece como depositário de sua memória.

O grande enigma do luto talvez se concentre no "poder de um tempo que concede aos vivos o sono para sonhar a morte, protegendo-os assim de uma violência que apenas o melancólico conhece", escreveu Fédida (1999, p. 49). Uma obra de sepultura, em sua bonita metáfora, é aquilo que permite aos sonhos estabelecer um lugar para pensar em nossos mortos, o que torna o esquecimento impossível. Ao mesmo tempo psíquica e cultural, essa obra, insiste Fédida (2009), não se limita ao ritual definido de enterro dos mortos, compreendendo o afastamento do pensamento do cadáver por meio da intimidade corporal de uma memória persistente.

Longe da identificação fusional, da incorporação – de que o deprimido é exemplo ao tentar conservar um morto esquecido, transformando-se a si mesmo em sepultura imóvel –, a possibilidade de ausência nessa presença onírica remonta à sobrevivência de afetos, imagens cujas tonalidades permitem ver um gesto, escutar uma voz.

> *Essa memória do sonho é de natureza reminiscente: ela é apenas lembrança. Os mortos têm que ser feitos de uma materialidade de alma tal que não lhes permitiria decompor-se.* A Odisseia, *de Homero, lembra*

> *que permanecer sem sepultura* (athaptos) *seria não somente um ultraje à fidelidade, mas um ato privando os vivos da mensagem detida pelo morto em sua intenção e para sua salvação. A vergonha de deixar o corpo do morto sem sepultura encontra-se na origem dessa melancolia que corrói a alma e ameaça do interior o vivo em sua própria vida. A melancolia – ou a doença mortal – é o resultado do erro de ter negligenciado seus mortos e de tê-los privado da sepultura do sonho. (Fédida, 2009, p. 106)*

Contrapondo-se ao corpo que se oferece como sepultura imóvel para o morto, o lugar transferencialmente ocupado pelo analista intermedeia as possibilidades autodestrutivas do enlutado, calcadas nas identificações com um lugar vazio deixado pelos mortos cuja existência não foi propriamente reconhecida e metabolizada.

Kehl (2009), a esse respeito, lembra que:

> *é preciso que a presença do analista confirme ao depressivo que ele próprio está vivo, de modo a propiciar a elaboração da verdadeira experiência da perda – a qual implica separar-se de sua identificação culposa com o morto. Que o sonho evoque a presença perdida do morto; que a inscrição significante evoque a ausência e impeça o esquecimento-recalque, para que o corpo do deprimido seja liberado da função de guardar a morte de um ente querido. (p. 208)*

De certo modo, a figuração onírica encarrega-se da "evidência da visibilidade", fenômeno fundamental no processo de luto. Lembrada por Didi-Huberman (1998, p. 208) e citada por Fédida (2009), essa manifestação transita entre sepulturas e memoriais no Ocidente – "Eles são esculpidos para serem vistos: eles são esculpidos para os vivos. Eles se dirigem para o fora" (p. 108) – e o trabalho de luto no interior do sonho, em que a perda convoca as imagens para que os mortos se possam fazer presentes.

Filho de um pai assassinado, cuja história lhe havia sido negada, um homem em análise saiu em busca de pistas para a reconstrução desse passado. Sonhava frequentemente com uma figura de contornos pouco nítidos, sem rosto. Não o via, mas sabia que "era ele". Encontrou, então, em uma incursão pela cidade natal do pai, um velho amigo deste que não o conhecia, mas, ao vê-lo, chorou e lhe tocou o rosto delicadamente. Desculpou-se, mas é porque seus traços eram parecidos demais com os do pai para que não se recordasse dele e se emocionasse, disse o amigo. A partir de então, conheceu várias pessoas que lhe deram cada uma um pedacinho de história, um acontecimento, uma piada contada, para que ele pudesse então finalmente sentir ter um pai. Voltando dessa viagem, teve um sonho: viu-se refletido em uma grande lágrima do amigo de seu pai, que funcionava como um espelho em que ele via detalhes minúsculos de seu próprio rosto, marcas de sua pele, que sempre tivera, mas até então não conhecia. Dessa lágrima pelo pai, derramada por alguém que o amara, ele pôde encontrar uma imagem de si marcada pela perda, que lhe trouxe um inédito e lenitivo corpo à sua dor.

Perder de vista: da visibilidade do luto e do espaço analítico

E quando enfim o deus a deteve e, com voz
cheia de dor, disse as palavras: "Ele se voltou."
— ela não compreendeu e disse: "Quem?"

> *Mas pouco além, sombrio, frente à clara saída, se postava alguém, o rosto já não reconhecível. Esse viu em meio ao risco branco do caminho o deus das rotas, com olhar tristonho, volver-se, mudo, e acompanhar o vulto que retornava pela mesma via, o andar tolhido pelas longas vestes, incerto, tímido, sem pressa.*
>
> Rainer Maria Rilke

"É como se estivéssemos brincando de esconder, e eu então tivesse tapado os olhos, mas nunca mais a vi depois de abri-los", disse-me um jovem homem em análise que perdera sua mãe quando criança. Seu maior medo, ele contava, era esquecer seu rosto. Justamente, perguntou-se Pontalis, acaso seria, na perda, o mais insuportável perder de vista?

> *Anunciaria ele, no outro, a retirada absoluta do amor, e em nós, a inquietação de uma fragilidade essencial: não ser capaz de amar o invisível? Primeiro, ser-nos-ia preciso ver. Não apenas ver, mas ver primeiro, e poder sempre acalmar a angústia suscitada em nós pela ausência, garantindo que o objeto amado esteja inteiramente ao alcance de nosso olhar e que nos reflita em nossa identidade. Por que é que sonhamos, a não ser, a cada noite, para ver o desaparecido (mundos, lugares, pessoas, rostos), confirmar sua permanência e tentar unir o efêmero ao eterno? (Pontalis, 1988, p. 205)*

A clínica revela como o esquecimento das imagens, especialmente, mas não exclusivamente visuais, concentra alguns dos pontos mais angustiantes de um trabalho psíquico convocado pela perda. Trabalho que mobiliza cadeias de representações que, por sua vez, encontram ressonância em traumas antigos, a partir dos quais a não realização prévia de lutos é transferencialmente percebida. Trata-se, de fato, de um conjunto de trabalhos psíquicos sustentados por um fio que os une e que o luto mobiliza.

As exigências constantes de trabalho a que o psiquismo é submetido pelas pulsões evidenciam no sonhar a potência transformadora da produção imagética que se oferece à narração, incidindo no trabalho de luto sobre o objeto perdido introjetado. Perscrutando-o envolto no próprio Eu, o sonho ocasiona a experimentação inédita da perda em um tempo e de uma forma diversos.

Como se fora um laboratório, pensou Pontalis:

> *Associando, até formar um todo, ao sonho, ao luto, a palavra* trabalho *– numa formulação paradoxal, mesmo que esta tenha se tornado banal para os usuários que somos – Freud mostrava que atividades de aparência tão simples, tão evidente, como sonhar, experimentar e depois superar uma perda, não eram uma coisa à toa. . . . O sonho transforma sensações presentes, restos da véspera, rostos e lembranças, pessoas e lugares: é um laboratório. O luto transforma o objeto perdido, o incorpora e o idealiza, o fragmenta e o recompõe, e precisa de tempo para fazer isso. (Pontalis, 1991, p. 129)*

O trabalho do sonho favorece o trabalho do luto, ao abrir um espaço psíquico aos fantasmas, às fantasias, por meio da sobrevivência das imagens. Um tempo da imagem pode então ser inaugurado, em que restos, impressões, permanecem para que a ausência do objeto possa ser integrada.

> *O traumatismo da perda abriu um abismo que deixa o enlutado em uma errância, em busca de figuras que lhe*

> *permitam se reencontrar no espelho quebrado pelo excesso de dor. Se essas figuras, que se trata para o enlutado de subjetivar, não têm ou não constituem bordas continentes, a vivência corporal deformada ou informe torna-se a forma psíquica do enlutado, gerando uma clivagem necessária para evitar o colapso melancólico. . . . Trata-se então de criar um espaço intermediário, uma figura de umbral, que religa a imagem do eu e o objeto . . . Esse lugar de passagem permite à imagem do eu remover o véu que cobre o espelho. (Laufer, 2006, p. 118, tradução nossa)*[1]

O movimento engendrado por esse tempo subjetivo de experimentação das imagens realizado no trabalho do sonho, responde, no trabalho de luto, por um reencontro da plasticidade de sua memória, pela qual o enlutado reencontra igualmente a possibilidade de criar, de novo, lembranças, recolocando-se em um tempo próprio e distanciando-se da presentificação repetitiva do golpe traumático.

A reação ao trauma, ao desprazer advindo da subitaneidade da comoção psíquica, impele a uma busca por superação, pensou

1 Como lembra a autora, segundo os preceitos judaicos, quando alguém morre, cobrem-se os espelhos da casa para que a alma do morto não escape pelo espelho e se torne um *dibbouk*, um morto errante. A retirada do olhar reflexivo não implicaria também um trabalho em andamento em que algo de si tem de se furtar ao olhar para refazer-se, para que a perda e a imagem do eu possam conciliar-se? Nesse sentido, "o espelho é a passagem de uma reconstituição de si como assombração", notou Fédida (2009, p. 73). Leader (2011), por sua vez, observou que uma leitura usual dessa prática se faz pelo lembrete trazido pela morte, durante o luto, de que devemos renunciar à vaidade em vida, além da habitual ideia de separação, possibilitando aos mortos afastarem-se das imagens especulares; mas, assim defende, estaríamos também renunciando a quem fomos para o ser amado, e isso teria efeito profundo em nossa autoimagem.

Ferenczi (1934/2011i), que funciona como uma transformação do ambiente com vistas a afastar a causa daquilo que perturba o psiquismo. Buscar produzir representação por meio do apego às imagens, associadas a possibilidades que comportam uma esperança de algum modo vitalizantes, abre um horizonte em que o presente doloroso torna-se suportável.

A elaboração onírica confere, em primeiro lugar, um espaço que, como uma espécie de moldura, auxilia e torna suportável o hiperinvestimento realizado na revisitação dolorosa da qual se tem de encarregar o enlutado. Com a garantia de se ver num espaço simbólico artificialmente delimitado, torna-se possível uma separação em que determinadas representações são eleitas para representar as demais, e assim prescindir de ver, ouvir alucinatoriamente o objeto perdido em qualquer lugar e a qualquer momento, evitando-se a sensação de aprisionamento, de se estar à mercê do passado.

Nesse tipo de aparição, tão comumente mobilizada pela morte, os limites estabelecidos fantasisticamente vacilam de modo familiarmente estranho, inquietante. Como contou um analisando que, havendo perdido seu pai, escutava-o na sala de casa quase todas as manhãs, espantava-se por frações de segundos com sua presença, para em seguida notar que vinham dele mesmo os ruídos que supunha escutar do falecido. Ou, ainda, o susto de uma analisanda que viu a irmã morta passar diante de si em um centro comercial, e então percebeu que era sua própria imagem que vira refletida num espelho.

"Em nenhum outro âmbito nossos pensamentos e sentimentos mudaram tão pouco desde os primórdios, o arcaico foi tão bem conservado sob uma fina película, como em nossa relação com a morte", observou Freud (1919/2010, p. 361). Por isso, pensou, o sentimento inquietante que acompanha muitas pessoas em tudo que se relaciona com a morte é tão frequente e comum.

O fenômeno do duplo, por exemplo, deve seu caráter inquietante[2] ao fato de realizar uma espécie de desmentido da morte, havendo sido, como assinalara Rank, originalmente uma tentativa de asseguramento contra o desaparecimento do Eu, no terreno do narcisismo primário. Diante da vacilação desses limites, da própria segurança do Eu, em uma regressão a esse tempo em que tais delimitações eram ainda tênues entre mundo interno e externo, o duplo pode surgir com seu sinal invertido: não mais apenas garantia em favor da sobrevivência, mas simultaneamente inquietante mensageiro da morte.

Do apagamento, portanto, da fronteira entre fantasia e realidade emerge o inquietante, como se por um instante o pensamento de que "então os mortos continuam mesmo a viver" se confirmasse (Freud, 1919/2010, pp. 369-370). Mas Freud especifica ser esse um tipo específico de fenômeno do inquietante, mais próximo de vivências, pensamentos, forças ocultas relativas às fantasias de retorno dos mortos, diferente daquele oriundo de complexos infantis, que não se relaciona em absoluto com a questão da realidade material. Nesse último caso, "trata-se da efetiva repressão de um conteúdo e do retorno do reprimido, não de uma suspensão da *crença na realidade*" (Freud, 1919/2010, p. 370, grifos do original).

No primeiro caso, entretanto, justamente do desequilíbrio causado pelo ultrapassamento dos limites na fantasia, evidenciado no *Unheimliche*, decorre seu movimento no sentido de decompor-se e juntar-se à imagem do outro, pensou Lacan (2016). Ou seja, uma

---

2 É digno de nota, lembrou Pontalis (2005, p. 256), que o aparecimento de *Unheimliche*, termo contido numa carta que Freud escreveu a Fliess, se dê no contexto de uma grave doença da mãe deste: "Que estranho quando as mães vacilam, elas que são as únicas que estão entre nós e a redenção".

vacilação do próprio Eu. Isso porque a fantasia tem como seu objeto justamente a imagem, por meio da qual a alteridade se estabelece, em que um outro vem a ocupar o lugar de que o sujeito está simbolicamente privado. Na falta, então, "o luto vem coincidir com uma hiância essencial, a principal hiância simbólica, a falta simbólica, o ponto x, em suma, do qual o umbigo do sonho, que Freud evoca em algum lugar, talvez seja apenas o correspondente psicológico" (Lacan, 2016, p. 364).

Enfraquecidas, portanto, as fronteiras entre fantasia e realidade, a obscuridade característica do estranho familiar em sua relação com a estrangeiridade responde por momentos permeados por angústia, em que a aparição de um intruso em si tem na imagem a base para uma identificação-desidentificação primordial. Nesse sentido, o estranho familiar cria um espaço intermediário à perda de algo da imagem, e essa perda, esse objeto que cai, é condição de um movimento psíquico necessário e inerente ao trabalho de luto.

Com efeito, não exatamente desistir do objeto, mas refazer a ligação com ele a partir de sua ausência, exige "distinguir o objeto do envelope narcísico que o cobre, os detalhes da imagem humana que atraíram nosso amor" (Leader, 2011, p. 138), o que quer dizer, de outro modo, que o luto precisa ser feito também em relação a quem éramos para quem perdemos, o que frequentemente traduz-se por mudanças que ajustam a própria imagem do enlutado, mudanças eventualmente concretas em termos de vestimenta, de aparência.

Da morte sucede o rompimento de um fino ajustamento de ritmo que os seres amados propiciavam ao desejo dos sobreviventes. Quebra-se a cadência comum que os corpos mantinham pulsionalmente. A presença simbólica do outro no inconsciente, estabelecida entre presença e ausência, objeto e satisfação, no interior de uma espécie de dança em que os corpos se excitavam mutuamente, perde sua sustentação material com a morte.

Do corpo que se vai, resta "a silhueta animada que será projetada no meu psiquismo sob a forma de uma imagem interna. O corpo do outro se duplica assim por uma imagem interiorizada" (Nasio, 2007, pp. 64-65). Desse modo, a presença imaginária do outro persiste não somente pela memória dirigida ao comum partilhado, mas também por aquilo que de sua imagem se mantém no inconsciente.

Da perda daqueles a quem estamos tão intimamente ligados decorre a ausência da excitação do corpo que fornecia ao enlutado um ritmo ditado pela fantasia inconsciente, desorganizada com a morte. Fantasia que não é, contudo, apenas representação, mas uma parte de si que se perde, uma parte que se estende no espaço intermediário que liga intimamente ambos. Não se trata, portanto, exatamente de uma restauração de um laço que se rompe, mas de um trabalho que visa à preservação da imagem do outro perdido, investindo-o para que essa imagem possa persistir, prescindindo do corpo daquele que morreu.

De objetos, fotos, relíquias que se conservam do morto, algo de seu corpo ausente se preserva por um ritual privado, que conserva parte daquilo de que nos separamos, sem ter que renunciar à própria separação, reconhecendo à morte sua realidade. Sacralizada, a relíquia ultrapassa seu caráter cotidiano para servir de residência a alguns restos retirados da imagem do morto, tornando-se assim objeto de outro tipo de percepção, pois fora de seu uso comum perde a utilidade habitual, deixa de se comunicar e ser cambiável com os demais objetos cotidianos, para em sua imobilidade manter um culto ao corpo desaparecido, dando direito à visibilidade. "A plena visibilidade da relíquia garante a crença contra a angústia da destruição", notou Fédida (1999, p. 56).

De uma foto do marido falecido havia anos que carregava consigo, gasta e já com muitas marcas do tempo, uma mulher em análise, de idade já avançada, contava-me utilizar-se como um "amuleto". "Eu sei que uma foto não tem esse poder", dizia ela, "mas funciona mesmo assim", brincava alegremente. Em determinado momento de sua análise, decidiu que já era chegado o momento de "apresentá-lo" e, a partir desse momento, foi como se ele deixasse de ser uma referência, para tornar-se de fato uma presença que habitava as sessões. Presença que a dotou de uma impressionante vitalidade.

O familiar, pensado e habitado em uma relação temporal prenhe de gestos e falas em que se ligam seres, coisas e lugares, deixa emergir – ao distender-se aquilo que escondia em si – uma espécie de fascinação de si na morte do outro que faz do luto um acontecimento da ordem do estranho no coração do familiar.

Na depressividade salutar, protetora de si, que o luto movimenta, Fédida notou como uma atividade de criatividade das formações imaginárias torna-se viva. Nesse processo:

> *A imobilidade suscitada pelo morto é correlativa a uma espera cinestésica do cadáver (pensar tê-lo visto mexer-se). Espera-se vê-lo "acordado em sua cama".* O silêncio se move, *como dissemos. E, nesse momento, a morte, onipotente, torna fúteis os gestos, faz com que lembranças e pensamentos afluam, concede às falas um estranho eco de suas palavras. Se cada um retira todo apetite das coisas que o rodeiam e encontra um tempo que aprofunda a história, o olhar recebe uma nova violência.* Vergonha, luto, pudor *são momentos históricos constitutivos de uma temporalidade subjetiva do corpo, onde a imobilidade silenciosa e retirada retoma o poder de re-engendrar o projeto de um agir.*

> *E na experiência de um luto, o olhar forma um espaço especular pelo qual se compreende o reforço dos limites protetores do* si. *(Fédida, 1999, p. 27, grifos do original)*

A economia de proteção do psíquico, nesse sentido, pertence essencialmente a formações imaginárias que a transferência possibilita tornar vivas. Dessa evocação fantasmática chega-se ao que Fédida identifica como o coração da situação psicanalítica, "cujo dispositivo oferece o paradoxo de ser *feito* para falar e escutar, quando ele comporta uma ótica, ou seja, uma referência materializada a lugares, posições, um arranjo do espaço feito da interação dos corpos, até na imobilidade sentada ou recostada" (Fédida, 2009, p. 55, grifos do autor). Desse modo, aprofunda-se na situação analítica o papel do especular na relação com a morte e com o luto, em que o sonho pode ancorar contra a violência:

> *É verdade que se o fantasmático fosse invocado em nome de uma negação, assim se reproduziria a violência exercida, segundo Ferenczi, pelo adulto sobre a criança, ou seja, uma ameaça de morte: Ferenczi indica que, nesse momento, o fantasma é solicitado para que a própria fala se "sugestione" e possa acreditar em um sonho de seu corpo e não naquilo que seus olhos viram. Longe de constituir a forma de uma representação imaginária, com um conteúdo análogo ao da realidade, o fantasma tem assim valor de* acontecialidade corporal do psíquico – *inapreeensível fora de sua retórica de "fantasma originário"* – e fazendo apelo à vista como interdito do escutado. *(Fédida, 2009, pp. 59-60, grifos do autor)*

A visão inerente ao processo fantasmático preserva na fala uma vinculação ao escutado, assim protegendo as percepções vividas sem se submeter à violência da negação. Para poder cumprir seu dever com os mortos, os sobreviventes têm de lhes dar um lugar visível e acessível ao reconhecimento, do qual se pode imbuir o sonho desempenhando papel de sepultura, utilizando-se de sua capacidade alucinatória, das fantasias e da transferência, pondo em circulação na língua e na cultura as intensidades que o aparelho psíquico suporta no luto.

Fantasma, sonho e transferência correspondem então a um tipo de experiência subjetiva primordial de criatividade depressiva, decorrente da descoberta da vida a partir do contato com a morte. Da reapropriação subjetiva da experiência fundamental da perda, da separação e do luto, advém a possibilidade de reanimação do vivo.

Para esse complexo processo de reconstituição de um objeto ausente, decorrente da morte de um ser que nos é essencial, cuja perda torna o luto "uma perda verdadeira, intolerável para o ser humano", que lhe provoca "um buraco no real", Lacan (2016, p. 360) recorreu à tragédia de Hamlet. Sabe-se que, entre muitos e ricos aspectos da obra, a não observância de um período de luto por Gertrude, mãe de Hamlet, que se casa com Cláudio, tio do protagonista e assassino de seu pai, desempenha papel primordial em seu conflito. Hamlet padece enormemente, mas o luto pelo pai não pode ser propriamente acessado, até que, encontrando Laertes sofrendo visível e ostensivamente por Ofélia, fora de si, beijando o objeto "cujo desaparecimento é causa dessa dor" (Lacan, 2016, p. 360), investem-se em uma luta feroz em sua cova, e só então Hamlet pode finalmente acessar seu próprio luto.

Por não corresponder a mais nada que exista, o objeto passa a ter existência ainda mais absoluta, mergulhando o sujeito na vertigem da dor. E é a visível ostentação do objeto nessa condição que impulsiona Hamlet em direção a seu próprio luto. A inscrição simbólica da perda não prescinde do processo de reconhecimento do estatuto do objeto, em que a visibilidade de um testemunho advindo da alteridade do sofrimento atua na base da própria possibilidade de um início de trabalho de luto.

Se Hamlet demonstra bem como a dor se oferece auxiliando o acesso ao trabalho de elaboração, a história de Miguilim, que perdera seu amado irmão Dito, na linda obra de Guimarães Rosa, ajuda a deslindar algo da possibilidade psicanalítica de reapropriação subjetiva na experiência do luto. Da reanimação em que transferencialmente se possibilita um trabalho de refazimento de si concomitante e interligado à elaboração da perda. Do espaço que permite à perda aceder ao testemunho, à memória e à criação.

Miguilim sofria terrivelmente a morte do irmão:

> *Mas chorava com mais terrível sentimento era quando se lembrava daquelas palavras da Mãe, abraçada com o corpo do Dito, quando o estavam pondo dentro da bacia para lavar:* — "Olha o inflamado ainda no pezinho dele... Os cabelos bonitos... O narizinho... Como era bonito o pobrezinho do meu filho...". *Essas exclamações não lhe saíam dos ouvidos, da cabeça, eram no meio de tudo o ponto mais fundo da dôr, ah, Mãe não devia de ter falado aquilo... Mas precisava de ouvir outra vez: — "Mãe, que foi que a senhora disse, dos cabelos, do nariz, do machucadinho no pé, quando eles estavam lavando o Ditinho?!" A mãe não se lembrava, não podia repetir as palavras certas, falara na ocasião qualquer coisa, mas, o que, já não sabia. Ele mesmo, Miguilim, nunca tinha reparado antes nos cabelos, no*

> *narizinho do Dito. Então, ia para o paiol, e chorava, chorava. Depois, repetia, alto, imitando a voz da mãe, aquelas frases. Era ele quem precisava de guardá-las, decoradas, ressofridas; se não, alguma coisa de muito grave e necessária para sempre se perdia. — "Mãe, o que foi que naquela hora a senhora sentiu? O que foi que a senhora sentiu?!..." (Guimarães Rosa, 2001, p. 123, grifos do autor)*

Do entrecruzamento das palavras que formavam então para si imagens acerca de quem era seu irmão, refazendo sua percepção de Dito em torno de detalhes de seu corpo, Miguilim buscava conservar esse algo grave e necessário que ele se incumbiu de não se permitir perder. Mas essa tarefa não pôde ser cumprida desacompanhada. Se seu choro solitário lhe garantia um tempo para recordar e repetir, ele se viu então impelido a voltar-se aos demais junto a quem esperava encontrar acolhimento para seu sofrimento, no seio da reconstrução do irmão amado, de sua relação e de si.

> *E precisava de perguntar a outras pessôas – o que pensavam do Dito, o que achavam dele, de tudo por junto; e de que coisas acontecidas se lembravam mais. Mas todos, de Tomezinho e Chica a Luisaltino e Vovó Izidra, mesmo estando tristes, como estavam, só respondiam com lisice de assuntos, bobagens que o coração não consabe. (Guimarães Rosa, 2001, p. 123)*

O esperado encontro que poderia auxiliá-lo a tentar ligar o excesso que lhe tomava, ao significá-lo com seus próximos, redundou, no entanto, em "bobagens que o coração não consabe". Aqueles que em termos psicanalíticos estariam no lugar de objetos do movimento introjetivo que buscaria na alteridade a condição de simbolização do trauma, mas responderam com o vazio.

Surgiu, contudo, em meio à incompreensão, alguém diverso, Rosa: "Só a Rosa parecia capaz de compreender no meio do sentir; mas um sentimento sabido e um compreendido adivinhado. Porque o Miguilim queria era assim como algum sinal do *Dito morto* ainda no *Dito vivo*, ou do *Dito vivo* mesmo no *Dito morto*" (p. 123, grifos do original). Desse encontro, que engendrara a possibilidade da mobilização da vida na morte, Miguilim pôde, então, seguir para encontrar "Mãitina", mulher "imaginada", com quem algo inédito se construiu:

> *Mãitina era uma mulher muito imaginada, muito de constâncias. Ela prezava a bondade do Dito, ensinou que ele vinha em sonhos, acenava para a gente, aceitava louvor. Sempre que se precisava, Mãitina era pessoa para qualquer hora falar no Dito e por ele começar a chorar, junto com Miguilim. O que eles dois fizeram, foi ela quem primeiro pensou. Escondido, escolheram um recanto, debaixo do jenipapeiro, ali abriram um buraco, cova pequena. De em de, camisinha e calça do Dito furtaram, para enterrar, com brinquedos dele. Mas Mãitina foi remexer em seus guardados, trouxe uns trens: boneco de barro, boneco de pau, penas pretas e brancas, pedrinhas amarradas com embira fina; e tinha mais uma coisa. — "Que que é isso, Mãitina?" — "Tomé me deu. Tomé me deu..." Era a figura de jornal, que Miguilim do Sucurijú aportara, que mãe tomou da Chica e rasgou, Mãitina salvara de colar com grude os rasgados, num caco de gamela. Miguilim tinha todas as lágrimas nos olhos. Tudo se enterrou, reunido com as coisinhas do Dito. Retaparam com a terra, depois foram buscar*

> *as pedrinhas lavadas do riacho, que cravaram no chão, apertadas, remarcando o lugar; ficou semelhando um ladrilhado redondo. Era mesma coisa se o Dito estivesse depositado ali, e não no cemiteriozinho longe, no Terentém. Só os dois conheciam o que era aquilo. Quando chovia, eles vinham olhar; se a chuva era triste, entristeciam. E Miguilim furtava cachaça para Mãitina. (Guimarães Rosa, 2001, pp. 124-125)*

Miguilim, que fizera das palavras da mãe sobre o irmão pedaços seus para guardar algo de sua memória, encontrou nas imagens de seu corpo algo que queria evitar para sempre perder; mas, para tanto, precisou repetir essas palavras, imitar a voz materna, em sua tarefa de memória, seu trabalho de luto. Do choque da morte que lhe abatera, precisou recolher-se para assimilar tais impressões subjetivamente. Mas foi preciso recorrer aos demais, assegurar-se de que seu sofrimento podia ser confiado a outrem que lhe acolhesse e ao mesmo tempo auxiliasse a registrar sua perda integrando-a em seu meio. Ao deparar-se com a falha do testemunho daqueles que nada ofereciam afetivamente como suporte à sua busca, foi só então, encontrando alguém capaz de sentir no meio do compreender, que Miguilim pôde vislumbrar uma possibilidade de mobilização de seu luto.

O destino de seu luto se fez no feliz encontro com Mãitina, que lhe inaugurou a possibilidade de sua presença no sonhar e lhe ofereceu sua presença a confiar. Com essa figura que encarnava algo do que um espaço analítico ideal almejaria criar, uma construção conjunta de um lugar para o irmão se fez, uma sepultura em que Dito podia ser encontrado junto com pertences que seu irmão consentiu em deixar, para além do cemitério em que seu corpo material jazia, a partir de uma figura rasgada salva e colada, precária, mas afetivamente.

Desse encontro furtivo, um espaço que só eles compreendiam se construiu, guardando as preciosidades que reuniram em um abrigo seguro, ao mesmo tempo que uma marca visível se oferecia ao exterior. Entre seu sofrimento singular e a inscrição social, Miguilim pôde, com Mãitina, confiar aquilo que era inexoravelmente seu no irmão e construir do irmão morto uma imagem viva. Mãitina não lhe dirigia, não lhe impunha tarefas ou orientava. Ela oferecia com sua presença a possibilidade de um destino sensível à dor de Miguilim.

Sua sensibilidade e delicadeza a tornaram um alguém inédito com quem Miguilim encontrou acolhimento e a quem confiou aquilo que, no espaço analítico, poderia ser pensado como uma dupla função testemunhal, recebendo dele empaticamente sofrimento em forma de impressões ainda precariamente organizadas, mas afetivamente importantes, e garantindo-lhe assim um suporte simbólico para o movimento introjetivo convocado por sua perda, que buscava ainda alguma inscrição.

Eles construíram conjuntamente um espaço em que essa inscrição pudesse ser posta em ação, entre a visibilidade inconsciente das vindas em sonho de Dito e da sepultura que marcava um lugar próprio em que seu corpo poderia descansar, sem que Miguilim tivesse de carregá-lo inerte em si, podendo então transformar o irmão no jogo de sua presença viva em morte.

A disponibilidade genuína de entrar em contato com o sofrimento, com o tempo que isso exige, criando em si um espaço que acolhe a experiência de tensões e sensações desconhecidas, coloca o analista face àquilo que no seio do trauma vacilou como suporte à introjeção, impedindo o avanço de suas tentativas de ligação.

Como advertira mais uma vez Ferenczi, a posição testemunhal analítica encontra no reconhecimento possibilitado pela posição alteritária inédita sua especificidade. Escreveu ele:

> *Parece que os pacientes não podem acreditar, pelo menos não completamente, na realidade de um evento, se o analista, única testemunha do que se passou, mantém sua atitude fria, sem afeto e, como os pacientes gostam de dizer, puramente intelectual, ao passo que os eventos são de natureza tal que devem evocar em toda pessoa presente sentimentos e reações de revolta, de angústia, de terror, de vingança, de luto. (Ferenczi, 1932/1990, p. 57)*

Do trabalho artesanal que não poderia recriar tais condições, mas que possibilita a experiência inédita de um espaço que sustente a indeterminação e o devir inconscientes, o trauma da perda arrisca-se a sair de sua imobilidade, como que tateando a seu redor, para então fiar-se no terceiro em uma aposta valorosa por um destino singular e ao mesmo tempo partilhado do luto. No umbral, na indistinção entre o dentro e o fora que o espaço analítico almeja, inspirado pelos sonhos, o testemunho do luto então se atreve a dar a ver a memória do morto, de quem o enlutado não mais terá de encarregar-se furtiva e solitariamente, podendo, portanto, transformar-se e investir(-se), desvencilhando-se da pesada armadura de guardião de seus mortos.

4. Sonhos pandêmicos: os mortos, os vivos e os confins do luto

Eu era bem pequeno, estava de mãos dadas com ele olhando um mar vazio, perguntei para ele onde estavam os peixes, ele respondeu que estávamos no antes e os peixes só chegariam com a mãe, que morava no depois...

De um sonhador (recuperado do Inventário de Sonhos)

Na angústia do vazio, de um mar cuja vida se esvaiu, do antes que é um agora, a mão do pai morto que visita o sonhador em sua infância sustenta a esperança do devir, do depois em que a vida germinaria mais uma vez, os peixes e sua fertilidade reapareceriam acompanhados da mãe, que alenta um futuro possível diante da morte. Na indeterminação do tempo, esse sonho tão singelo e bonito recupera, segundo as associações do sonhador, "apenas o mistério de dois tempos e dos pais mortos de longa data, décadas".

Ocorrido em meio à pandemia que assolou o mundo a partir de 2019, na noite de 7 de abril de 2020, esse sonho possibilita a aparição daqueles que tanto tempo antes partiram, e que, como em tantos outros sonhos sonhados nesse momento, retornam para dar a mão, sustentar, zelar pelos sonhadores.

A demarcação da morte operada pelos rituais, que garante num primeiro momento a estreita separação entre vivos e mortos – assegurando que aqueles que foram não voltarão, mas antes serão visitados e cultuados – tornou-se frágil e vacilante no momento extremo, inundando os sonhos da pandemia com temores, monstros e cenas de horror mescladas à banalidade do cotidiano. Por outro lado, figuras antigas, parentes mortos, entes queridos e pessoas significativas aos sonhadores vieram recorrentemente acalmar e preservar a possibilidade da continuidade de um mundo vivo.

Na esteira de pesquisas com sonhos familiares de desaparecidos políticos durante a ditadura civil-militar brasileira e de eleitores durante as eleições de 2018, além dos estudos de testemunhos das experiências com o *Apartheid* sul-africano e de sonhos de ex-prisioneiros dos campos de extermínio de Auschwitz-Birkenau, surgiu no início da pandemia de Covid-19 no Brasil o Inventário de Sonhos, acervo a que sonhadores de todo o Brasil e de outros países passaram a doar memórias e associações de suas produções oníricas.

Apostando na potência testemunhal dos sonhos para a construção de narrativas que reverberassem e promovessem associações, pensamentos, construções coletivas, face às rupturas extremas da pandemia, essa coleta destinou-se a um acervo, que, como pensara Beradt (2017), pretende vir a ajudar a interpretar a estrutura de uma realidade ameaçada de tornar-se ela própria um pesadelo.[1]

1 Sobre o inventário: https://pt.surveymonkey.com/r/NVYNH5K. Consultar, a respeito: http://www.appoa.org.br/correio/edicao/304/um_inventario_de_sonhos_para_nosso_tempo/895.

É impressionante observar nesses sonhos a infiltração da angústia do tempo na vida íntima e privada. Dos restos diurnos de uma realidade impregnada de incerteza e medo, surgem figuras que dão algum possível contorno ao informe do horror que se apresenta sob os efeitos da morte banalizada, desumanizada e crua. São muitos os sonhos que tratam da impossibilidade de despedida e do espanto com a possível falta de lugar próprio aos mortos.

Em meio a sucessivos recordes nos números de mortos e da realização de enterros em escala assustadora na cidade de São Paulo, assistia-se a uma verdadeira corrosão das possibilidades de ritualização da morte, potencializada pela condução necropolítica governamental, quando uma sonhadora relatou[2] ter tido o seguinte sonho:

> Eu e minha mãe entramos em um cemitério, parecia no centro de São Paulo, era início da noite e a iluminação era ruim. Entramos no cemitério e não era plano, a parte da entrada era a mais baixa e subindo a rampa viam-se as fileiras das covas fechadas. Não subimos, ficamos por ali, encontramos algumas famílias, de repente nos demos conta que era um cemitério nos Estados Unidos, mas as pessoas falavam português, parecia muito com São Paulo, todos estavam com roupas de frio e com ar de luto, as roupas eram pretas e pareciam de uma outra época, tipo anos 1950. E então a parte mais assustadora pra mim. Havia uma mesa alta, na altura da barriga. Nessa mesa havia assadeiras em cima com pães estilo baguete, só que bem largos, com o corte no meio igual pão francês. A diferença é que o ingrediente principal dos

2 Esta e as demais narrativas dos sonhos estão como no original.

> pães eram os corpos vítimas da Covid-19. As pessoas sabiam disso e estavam tirando pedacinhos dos pães dizendo que estavam com fome e era impossível resistir àquele pão quentinho já que estava um tempo frio. As pessoas passavam manteiga e comiam. Aqueles pães seriam sepultados porque na verdade eram os corpos. A responsável pelos pães era uma moça negra sorridente e bem humorada, ela não impedia que as pessoas tirassem lascas dos pães, só alertava do que eram e isso não assustava ninguém, elas diziam "só um pedacinho não faz mal". Depois essa moça explicou que o processo dos pães era para otimizar espaço nas covas porque a quantidade de vítimas era muito superior ao número de covas disponíveis, então ela teve essa ideia de transformar as pessoas em pães para poder enterrar todo mundo.

Suas associações entre o sonho e o momento histórico foram:

> Como no sonho eu descrevo, a quantidade de vítimas é muito assustadora. O que mais me chama a atenção são as pessoas comendo o pão que, para mim, simboliza a falta de empatia e consideração que muitas pessoas não estão tendo no momento, principalmente por parte do governo. Pra mim simboliza a banalização da quantidade de vítimas.

A profusão de referências deslocadas, como se fora do lugar e do tempo, dá conta da vacilação daquilo que usualmente permitiria situar e inscrever as mortes, e que, no entanto, parece falhar em sua tarefa. A confusão entre épocas, vestimentas, línguas e países (ambos, Brasil e Estados Unidos, havendo até então se notabilizado por suas conduções desastrosas do enfrentamento à pandemia) é uma espécie de pano de fundo de um cenário que escancara a banalização e o horror do canibalismo praticado com corpos sem destino, consumindo-os e assim imaginariamente evitando as perdas que não podem ser social e culturalmente inscritas, face à impossibilidade da confecção de um lugar de memória que os rituais e destinos aos corpos permitiriam.

Ao mesmo tempo, o canibalismo metamorfoseado do sonho, indica a sonhadora, busca "poder enterrar todo mundo". Nas costas da impossibilidade do destino digno aos mortos e da falência dos rituais de inscrição de suas perdas, na antípoda da "falta de empatia", os corpos tornados pães são também resultado de um trabalho que cria lugares psíquicos, figurando contorno para aquilo que, do contrário, seria mero abandono.

Outro sonhador relata também como a realidade assustadora da morte descabida, excessiva, transbordando e invadindo os espaços, adentra sua noite e reproduz algo da sensação da perda não somente das tantas vidas, mas de algo maior e mais difuso:

> Estava em um cemitério. Era de noite. Acompanhava um funeral. Tinha muitos funerais. Tinha a sensação de muitas mortes acontecendo, muitos corpos sendo enterrados. O ambiente tinha muita neblina. Os túmulos, embora no rés do chão, como no cemitério da Vila Formosa, estavam muito altos – como se houvesse mais de um corpo por cova. Tinha muitos mortos.
>
> Além do fato de ser sobre o excesso de mortes no país, tem algo no país que está morrendo. Algo deixará de existir, muito irá morrer no país.

A neblina toma o ambiente em que os corpos são como que empilhados, e parece tentar diminuir o alcance da visão daquilo que é explicitamente excessivo. No entanto, os muitos mortos rompem a barreira, trespassam essa espécie de véu, subindo de modo a não deixar dúvida quanto à crueza da morte ascendente. Mais que isso, relata o sonhador, muito irá morrer no país. Seu sonho reúne e expressa de forma dificilmente atingível pela via da observação racional os meandros de um tempo assustador, em que a perda transcende o círculo íntimo e torna-se falência simbólica de todo um projeto coletivo. O destino melancólico de um luto impossível a que sua associação remete parece tratar do trauma coletivo diante da impossibilidade de assimilação do excesso no entrecruzamento entre o privado e o público.

O desamparo face aos corpos destituídos de todo valor humano, compactados como objetos e reduzidos à condição de dejetos a serem descartados mostra-se ainda mais brutalmente em outro sonho e nas associações do sonhador, que também trazem em seus detalhes restos persistentes de um passado coletivo traumático:

> Estava navegando pelo rio Tietê quando vi, ao meu lado, um tubo de concreto, como se fossem aqueles de esgoto, lançando cápsulas cinza marcadas com uma cruz. Imediatamente percebi que eram corpos de pessoas mortas por Covid-19. O tubo lançava os corpos encapsulados no rio como se estivesse defecando-os. Ao todo foram 24. Eu tive Covid-19, mas meus sintomas foram leves. Estou curado há um mês. Obrigado.

Sua associação a partir do sonho é simples, mas pungente: "Que a vida não vale nada". Da (ao menos) dupla acepção de sua associação – acerca da fragilidade da vida de modo geral e de sua desvalorização nesse cenário – parecem emanar fantasmas da história turva de um país em que o desaparecimento de corpos tem sido prática recorrente dos autoritarismos que o golpeiam com tanta frequência. Ao mesmo tempo, a notícia de cura do sonhador e seu singelo, mas tocante agradecimento como parte da produção que escolhe doar ao inventário, demonstram um direcionamento transferencial à escuta ainda por se fazer, a uma aposta na criação de um espaço de acolhimento e significação.

Os sonhos pandêmicos vieram a escancarar alguns dos restos não elaborados do passado traumático brasileiro, marcando reiteradamente o presente por repetições violentas como assombrações, que pairam sobre o cotidiano tomado pelos efeitos daquilo que Mbembe (2016) tão bem elucidou em seus estudos sobre o necropoder.

Tornaram-se também evidentes os efeitos das vidas que nem sequer tinham *status* de vidas pranteáveis, jamais sendo efetivamente reconhecidas como vidas plenas, passíveis do lamento público, e, portanto, destituídas do direito ao luto como política, como pensou Butler (2015). No decorrer da pandemia, essas vidas, as mais expostas aos riscos, mas, ao mesmo tempo, em muitos casos, as menos visíveis e reconhecidas, aparentam clamar por reconhecimento no espaço onírico.

Em 16 de junho de 2020, uma sonhadora relatou:

> Eu e minha amiga A. nos encontramos em um bar. As mesas estavam colocadas à distância e o bar estava quase vazio. Antes que escolhêssemos onde sentar, percebemos que o tempo estava fechando. Um temporal se aproximava. Eu estava feliz por vê-la, mas precisávamos sair rápido dali. Começamos a ir em direção à casa do meu pai. Lembrei que eu precisava

passar no *shopping* para trocar ou devolver algum produto. Fiz um desvio, mas, chegando lá, no *shopping*, não deu certo. Tive que ir embora às pressas. A A. estava nervosa e incomodada por eu ter passado no *shopping*. Chegamos na casa do meu pai. Eu imaginava que dali iríamos para a casa da minha mãe. Mas, quando percebi, a A. já estava desfazendo suas malas no quarto da empregada, que ali se usava como quarto de hóspede. Eu me preocupava em pedir algo para comer e a A. me lembrava de pedir uma bebida. Ela dizia: tem que ter um vinho. Eu pensava: sim, tem que ter uma bebida, nem que seja esse gim que tenho aqui. De repente eu paro e olho pela janela da área de serviço. Eram janelas antigas de vidro, de correr, bem amplas. As nuvens estão carregadas, escuras, e estão próximas da janela. O estranho é que estão na altura dos meus pés. Paraliso. Em cima das nuvens há milhares de pessoas. Elas estão de pé, em cima das nuvens, todas viradas para nós e nos olham. Penso que são as pessoas que morreram e estão no céu. Acordo.

Os bares vazios. A saudade de encontrar os amigos. E a imagem final como uma alegoria dos milhares de mortos. Quando pequena eu achava que a chuva era feita pelos mortos, que viviam no céu, em cima das nuvens, e enchiam baldes de água e jogavam aqui na terra. Por isso o temporal se aproximando, porque os mortos são muitos. Também o quarto de empregada e a área de serviço porque a angústia maior é pensar que serão, como sempre, os mais desassistidos os que irão morrer às pencas.

O *shopping*, o vinho, são elementos que reforçam a disparidade dos outros (o quarto de empregada, a área de serviço) marcando a identidade daqueles cujas vidas foram menos amparadas e cujas mortes são menos visíveis. Uma chuva de mortos desassistidos que se anuncia, com seus olhares dirigidos aos vivos, é uma imagem forte, mas precisa do momento histórico. Mais uma vez, a força do traumático que Freud notara pelo vacilo do olhar que negligencia o morto se apresenta com a fúria e o vigor da questão "não vês?". Não mais de um filho morto em chamas ao pai, mas agora transposta aos muitos mortos que clamam por seu luto: "não veem?"

Sepelio, palavra latina da qual provém "sepultura", evoca o enterro como prática cultural, dotando o cadáver de um lugar de recolhimento que lhe permite a memória de um nome que viabiliza aos sobreviventes a comunicação com seus mortos. Tais sonhos, então, esforçando-se por figurar a falha na criação desse lugar em meio à necropolítica - que tolhe o direito ao enterro e escancara a condição daquelas vidas ontologicamente destituídas da dignidade de luto e ameaça romper as fronteiras entre vida e morte de modo generalizado -, não se esmeram em construir eles mesmos um lugar de memória em meio à negação e ao obscurantismo que o impedem no espaço coletivo? Uma obra de sepultura, como o chamara Fédida (2009), um labor onírico que, fragmentária e lacunarmente, esforça-se em dar abrigo aos mortos.

Espaço intermediário, nessa espécie de laboratório psíquico que são os sonhos, diferentes trabalhos psíquicos acionados pelo trauma da perda operam, permitindo a indistinção entre aqueles que partiram e o sonhador que ensaia as transformações possíveis de si pelo objeto ausente e da entrega a este de algo do Eu. Das indeterminações do sonho que reproduz o excesso traumático aspirando à proteção narcísica pela tentativa de redinamização pulsional e recomposição de si, emerge seu aspecto de espaço de cuidado.

Trabalhando então para ligar, pela figurabilidade, impressões em estado bruto, o sonho põe em ação seu potencial elaborativo, ensejando a convocação de uma presença ternária para se sustentar que encontra no reconhecimento criação potencial.

Uma sonhadora relata o entrelaçamento do pior do momento histórico com marcas dolorosas de sua história pessoal em sua produção onírica, composta entre o fascínio e o horror pela imagem da morte elevada à condição de gozo público, e a angústia atrelada a uma perda que se vê de algum modo reatualizada:

> Foi numa noite de domingo, antes de dormir inventei de ler mais um capítulo do livro *O idiota* de Dostoiévski. Naquele capítulo o príncipe Míchkin, protagonista da obra, pediu a uma jovem pintora que recém tinha conhecido que ela pintasse o exato momento dos cinco minutos anteriores à execução de um prisioneiro que seria decapitado em praça pública. A ideia dele é que a pintora tentasse colocar em imagem essa terrível cena que testemunhou e o fez refletir sobre o que o prisioneiro estaria pensando minutos antes da sua morte. Lido o capítulo, impactada com a leitura e esse estranho desejo do príncipe Míchkin, deito no travesseiro e naquele momento inicial do sono em que muitas vezes temos a sensação que nosso corpo está caindo, sonhei que eu estava morrendo, em tempo real, ali mesmo na cama.
>
> Um assustador sonho de angústia que diz não só da minha história pessoal, da marca que ficou em mim de um enforcamento de um familiar muito próximo, mas também diz do medo que as execuções públicas retornem em nosso país (assim como parece estar

> acontecendo por meio das inúmeras mortes pela pandemia) e que o número de suicídios também aumente. Um sonho de angústia que diz do meu próprio medo de ser executada, ou escolhida pelo vírus e morrer sozinha na minha cama, assim como o medo de sentir vontade de cometer suicídio frente a tanta barbárie dos nossos tempos. Seguimos...

Sonhar a própria morte, impactada pelo estranho desejo de Míchkin, oscilando assim entre a identificação com aquele que morrerá e aquele que testemunha, tem para a sonhadora algo de assustador e atemorizante em sua associação entre uma morte em seu círculo familiar cujo elemento do enforcamento liga-se às execuções públicas. Uma espécie de temor pela exposição daquilo que não deveria caber no espaço público e se vê escrachado em função das posições insensíveis, cruéis e autoritárias daqueles a quem caberia a condução da crise sanitária. Simultaneamente, contudo, o embaralhamento eu-outro mescla aquilo que é próprio dos lutos atuais, num momento extremo de difícil assimilação, com elementos de lutos anteriores, de forma a projetar o medo da repetição de destino. Ao fazê-lo, coloca em circulação o testemunho do intolerável, cuidando para que se exteriorize o fantasma que visaria silenciosamente a imobilizar. Pois bem, apesar de tudo, ela partilha no inventário sua angústia, e o presenteia com um apelo final: "Seguimos...".

A travessia do informe no luto trabalha no limiar entre os vivos e os mortos, oferecendo um espaço de reeequilíbrio possibilitado pelo resguardo da inscrição realizada pela memória, cuja plasticidade oferece-se como contorno à dor, acolhendo as impressões traumáticas. Apelando então à triangulação, faz circular afetos e palavras que podem testemunhar a perda, dando-lhe destino vivo e móvel. São muitos, impressionantes e comoventes os sonhos em que os mortos retornam durante a pandemia e inflam com sopros de vitalidade a esperança no devir, garantem proteção, zelam, pela vida ameaçada:

> 1 – Meu irmão faleceu há cinco meses. Ele era muuuuuuito importante pra mim, tipo meu guru. Então, ando meio temerosa com o isolamento, o vírus, a minha vulnerabilidade... e ele chegou, rindo, falando sem conseguir falar por causa do riso preso, e foi embora, deixando em mim a sensação de que tudo iria correr bem.
>
> 2 – Foram muitos acontecimentos nesse sonho. Entretanto, a parte mais marcante foi o momento em que me encontrei com meus avós, falecidos há muito tempo. O sonho não parecia sonho. Era um desses sonhos em que eu parecia estar vivendo a minha vida. Como se estivesse um pouco adormecida e um pouco acordada. Voltando, eu e meus avós saímos juntos em uma rua, era noite e estava tudo meio escuro. De repente atravessamos a rua, muito próximo a um carro que tinha os faróis acesos – era uma luz muito branca e luminosa. Eu fui atrás deles e, quando passei, o carro estava esperando pacientemente que passássemos. Depois descobri que estávamos indo ao banco para tirar dinheiro. Depois disso não me lembro mais. À ocasião, eu estava muito doente e tenho sérias desconfianças de que fui infectada pelo Covid-19. Depois que acordei, passei o dia com a sensação de que realmente tinha estado com meus avós.
>
> Como eu disse anteriormente, eu estava doente e com altos indícios de ser Covid-19. Eu estava doente e,

como moro sozinha, estava isolada, enfrentado todas as incertezas e todo o despreparado do nosso estado em relação a essa doença. Acho que foi um alento para mim, esse sonho. De repente, tirar dinheiro com eles pode ter relação a minha preocupação em ter dinheiro para pagar minhas contas, com a preocupação em ser demitida, ter uma renda. Meus avós, enquanto vivos, sempre me ajudaram. Em tudo.

3 – Por mais estranho que pareça, minha mãe faleceu há dez anos, ela apareceu ao lado de minha cama e me disse: Não se preocupe minha filha isso logo vai acabar... e desapareceu!!!

Não consigo fazer associação alguma... Ela sempre apareceu para mim de maneira simples e falava de coisas de nossa rotina. Algumas vezes me consolava quando eu estava muito triste. Nessa noite eu estava muito triste e ela estava muito brilhante, coisa que nunca aconteceu.

4 – Sonhei que meu pai, falecido vinte anos atrás, ele vinha me buscar. Eu estava dentro de uma casa e ele me esperava do lado de fora. Eu fiquei tentando me encontrar dentro daquele lugar que não conhecia, procurava a saída, tinham outras pessoas desconhecidas. Então eu ouvi um estrondo muito forte. E já estava no apartamento da minha infância. Tinha muita gente ali, ainda não reconheci ninguém, foram todos pra sacada ver o que tinha acontecido. Era uma catástrofe, a terra tinha cedido e as casas tinham afundado no solo, tinha muita lama por toda parte. Sorte que a sacada ainda estava de pé.

> Acho que meu pai estava dizendo que estava ali para me proteger, a sacada era um lugar seguro também, com contato com a rua, mas ainda dentro de casa, um lugar que eu gostava de estar quando criança. O mundo segue com suas tragédias, suas catástrofes, não temos nenhum controle sobre isso.

O chão que falta, a terra que cede são representações de uma realidade cujos alicerces parecem não mais sustentá-la, em que confusão, medo e insegurança – palavras tão frequentemente mencionadas nos sonhos da pandemia – tornam-se a matéria do próprio cotidiano. Resta, contudo, o auxílio material, o acalento, a promessa de que vai passar, uma sacada que resiste ainda em meio à catástrofe, mantendo a ligação entre a rua e a casa, o público e o privado, o coletivo e o singular. Um lugar seguro em que algo do infantil mantém-se libidinizado e sustenta a possibilidade do encontro com um pai que espera, do lado de fora, mas dentro do espaço do sonho, que vem buscar a sonhadora não para levá-la, mas antes assegurar que, mesmo com "suas tragédias, suas catástrofes", o mundo seguirá.

O direcionamento de sua produção onírica por parte de sonhadores a um projeto público de construção de memória aposta na criação de acolhimento e ressignificação, forjando, a partir de diferentes níveis de trabalhos psíquicos, o estabelecimento memorial arquiviolítico, que, como uma sepultura, ancoraria um lugar sempre possível de comunicação entre vivos e mortos.

Como uma espécie de umbral, tais sonhos tornados testemunho figuram, onde um lugar próprio falhara, o trabalho que se esforça para possibilitar aos mortos ascender à memória e, aos vivos, restituir e persistir no campo da humanidade em meio ao horror.

Convocando à visibilidade de um lugar em que os mortos possam persistir por meio da continuidade de sua memória, os sonhos operam no espaço intermediário em que o sonhador se recolhe a fim de equilibrar sua balança pulsional, enquanto se mantêm atentos à inscrição pública e social do luto.

Distanciam-se, assim do destino melancólico que impregna a perda e marca uma modalidade de experiência do luto caracterizada precisamente pela paralisação de um estado temporal em que os diversos trabalhos psíquicos que se mobilizariam são estancados, face ao medo do colapso narcísico.

É então seu oposto o signo do trabalho do luto: a mobilização do mundo, a transformação de si. A garantia da inscrição sustentada pela visibilidade da memória dos mortos longe das profanações, de seu rapto, é justamente aquilo que possibilita uma sempre possível visitação, um retorno, que dá ao sobrevivente plasticidade para recordar sua memória não como dever, que, já assegurado, se tornaria então direito e devir sempiternos.

Referências

Abraham, K. (1948a). A complicated cerimonial found in neurotic women. In K. Abraham, *Selected papers of Karl Abraham* (pp. 157-163). Londres: The Hogarth Press. (Trabalho original de 1912)

Abraham, K. (1948b). The first pregenital stage of the libido. In K. Abraham, *Selected papers of Karl Abraham* (pp. 248-279). Londres: The Hogarth Press. (Trabalho original de 1916)

Abraham, K. (1970a). Notas sobre as investigações e o tratamento psicoanalítico da psicose maníaco-depressiva e estados afins. In K. Abraham, *Teoria psicanalítica da libido: sobre o caráter e o desenvolvimento da libido* (pp. 32-50). Rio de Janeiro: Imago. (Trabalho original de 1911)

Abraham, K. (1970b). Breve estudo do desenvolvimento da libido, visto à luz das perturbações mentais. In K. Abraham, *Teoria psicanalítica da libido: sobre o caráter e o desenvolvimento da libido* (pp. 81-160). Rio de Janeiro: Imago. (Trabalho original de 1924)

Abraham, N., & Torok, M. (1995). Luto ou melancolia, introjetar--incorporar. In N. Abraham & M. Torok, *A casca e o núcleo* (pp. 243-258). São Paulo: Escuta.

Agamben, G. (2007). *Estâncias: a palavra e o fantasma na cultura ocidental*. Belo Horizonte: Editora UFMG.

Allouch, J. (2004). *Erótica do luto no tempo da morte seca*. Rio de Janeiro: Companhia de Freud.

Antonello, D., & Gondar, J. (2016, janeiro/abril). O analista como testemunha. *Revista Psicologia USP, 27*(1), 16-23. Recuperado de http://www.scielo.br/scielo.php?script=sci_arttext&pid=-S0103-65642016000100016&lng=pt&tlng=pt.

Ariès, P. (1990). *O homem diante da morte* (Vol. II). Rio de Janeiro: Francisco Alves.

Ariès, P. (1989). *Sobre a história da morte no ocidente desde a Idade Média*. Lisboa: Teorema.

Assmann, A. (2011). *Espaços da recordação: formas e transformações da memória cultural*. Campinas: Editora da Unicamp.

Beradt, C. (2017). *Os sonhos no Terceiro Reich*. São Paulo: Três Estrelas.

Botella, C., & Botella, S. (2016). Figurabilidade psíquica e estados não representados. In H. Levine, G. Reed & D. Scarfone (Orgs.), *Estados não representados e a construção de significado: contribuições clínicas e teóricas* (pp. 141-210). São Paulo: Blucher.

Bregalanti, L., & Endo, P. (2019). Palavras e imagens na cena do trauma: a psicanálise e os sonhos como testemunho. *Revista da Associação Psicanalítica de Curitiba*, (35), 73-84.

Breuer, J., & Freud, S. (1992). *Estudios sobre la histeria* (Vol. II). Buenos Aires: Amorrortu. (Trabalho original de 1893-1895)

Butler, J. (2015). *Quadros de guerra: quando a vida é passível de luto?* Rio de Janeiro: Civilização Brasileira.

Cohen, M. (2017). *A cena interior.* São Paulo: Editora 34.

Didi-Huberman, G. (1998). *Phasmes – essais sur l'apparition.* Paris: Minuit.

Endo, P. (2005). *A violência no coração da cidade: um estudo psicanalítico sobre as violências na cidade de São Paulo.* São Paulo: Escuta.

Endo, P. (2008, dezembro). Partilha, testemunho e formas contemporâneas do excessivo. *Ide, 31*(47), 70-74. Recuperado de http://pepsic.bvsalud.org/scielo.php?script=sci_arttext&pid=S0101-31062008000200012.

Endo, P. (2009a). Elaboração onírica e representação na literatura de testemunho pós-ditadura no Brasil. In M. C. Perdomo & M. Cerruti (Orgs.), *Trauma, memória e transmissão: a incidência da política na clínica psicanalítica* (pp. 33-46). São Paulo: Instituto Sedes Sapientiae, Departamento de Formação em Psicanálise.

Endo, P. (2009b). Violências, elaboração onírica e o horizonte testemunhal. *Temas em Psicologia, 17*(2), 343-349. Recuperado de http://pepsic.bvsalud.org/scielo.php?script=sci_arttext&pid=S1413-389X2009000200006.

Endo, P. (2013, junho/agosto). Pensamento como margem, lacuna e falta: memória, trauma, luto e esquecimento. *Revista USP,* (98), 41-50.

Endo, P. (2016a). Depressão, tristeza, melancolia e luto: uma outra taxonomia psicanalítica? In M. Kamers *et al.* (Orgs.), *Desafios atuais das práticas em hospitais e nas instituições de saúde* (pp. 113-128). São Paulo: Escuta.

Endo, P. (2016b, janeiro/abril). Sonhar o desaparecimento forçado de pessoas: impossibilidade de presença e perenidade de ausência como efeito do legado da ditadura civil-militar no Brasil. *Revista Psicologia USP, 27*(1), 8-15. doi: 10.1590/0103-6564D20150012.

Endo, P. (2018). Freud, o inconsciente, a des-memória, a in-memória e os paradoxos do esquecimento, do sonho e do real de Auschwitz. *Percurso: Revista de Psicanálise, 30*(60), 77-88.

Fédida, P. (1999). *Depressão*. São Paulo: Escuta.

Fédida, P. (2009). *Dos benefícios da depressão: elogio da psicoterapia*. São Paulo: Escuta.

Felman, S. (2000). Educação e crise, ou as vicissitudes do ensino. In A. Nestrovski & M. Seligmann-Silva (Orgs.), *Catástrofe e representação: ensaios* (pp. 13-71). São Paulo: Escuta.

Ferenczi, S. (1990). *Diário clínico*. São Paulo: Martins Fontes. (Trabalho original de 1932).

Ferenczi, S. (2011a). Transferência e introjeção. In S. Ferenczi, *Psicanálise* (Vol. I, pp. 87-124). São Paulo: Martins Fontes. (Trabalho original de 1909)

Ferenczi, S. (2011b). O conceito de introjeção. In S. Ferenczi, *Psicanálise* (Vol. I, pp. 209-212). São Paulo: Martins Fontes. (Trabalho original de 1912)

Ferenczi, S. (2011c). Dois tipos de neurose de guerra (histeria). In S. Ferenczi, *Psicanálise* (Vol. II, pp. 293-310). São Paulo: Martins Fontes. (Trabalho original de 1916)

Ferenczi, S. (2011d). Psicanálise das neuroses de guerra. In S. Ferenczi, *Psicanálise* (Vol. III, pp. 13-32). São Paulo: Martins Fontes. (Trabalho original de 1919)

Ferenczi, S. (2011e). A adaptação da família à criança. In S. Ferenczi, *Psicanálise* (Vol. IV, pp. 1-16). São Paulo: Martins Fontes. (Trabalho original de 1928)

Ferenczi, S. (2011f). A criança mal acolhida e sua pulsão de morte. In S. Ferenczi, *Psicanálise* (Vol. IV, pp. 55-60). São Paulo: Martins Fontes. (Trabalho original de 1929)

Ferenczi, S. (2011g). Análises de crianças com adultos. In S. Ferenczi, *Psicanálise* (Vol. IV, pp. 79-96). São Paulo: Martins Fontes. (Trabalho original de 1931)

Ferenczi, S. (2011h). Confusão de língua entre adultos e a criança. In S. Ferenczi, *Psicanálise* (Vol. IV, pp. 111-135). São Paulo: Martins Fontes. (Trabalho original de 1933)

Ferenczi, S. (2011i). Reflexões sobre o trauma. In S. Ferenczi, *Psicanálise* (Vol. IV, pp. 125-135). São Paulo: Martins Fontes. (Trabalho original de 1934)

Freud, S. (1966). Lettre à Binswanger. In S. Freud, *Correspondance: 1873-1939* (pp. 421-422). Paris: Gallimard.

Freud, S. (1982). *Correspondência de amor e outras cartas, 1873-1939*. Rio de Janeiro: Nova Fronteira.

Freud, S. (1992a). Histeria. In S. Freud, *Obras completas* (Vol. I, pp. 41-66). Buenos Aires: Amorrortu. (Trabalho original de 1888)

Freud, S. (1992b). Carta 52 a Fliess. In S. Freud, *Obras completas* (Vol. I, pp. 274-279). Buenos Aires: Amorrortu. (Trabalho original de 1895)

Freud, S. (1992c). Manuscrito G. Melancolía. In S. Freud, *Obras completas* (Vol. I, pp. 239-245). Buenos Aires: Amorrortu. (Trabalho original de 1895)

Freud, S. (1992d). La herencia y la etiología de las neurosis. In S. Freud, *Obras completas* (Vol. III, pp. 139-156). Buenos Aires: Amorrortu. (Trabalho original de 1896)

Freud, S. (1992e). Manuscrito K. Las neurosis de defensa. (Un cuento de Navidad). In S. Freud, *Obras completas* (Vol. I, pp. 260-268). Buenos Aires: Amorrortu. (Trabalho original de 1896)

Freud, S. Carta 69. (1992f). In S. Freud, *Obras completas* (Vol. I, pp. 301-302). Buenos Aires: Amorrortu. (Trabalho original de 1897)

Freud, S. (1992g). Manuscrito N (Anotaciones III). In S. Freud, *Obras completas* (Vol. I, pp. 296-298). Buenos Aires: Amorrortu. (Trabalho original de 1897)

Freud, S. (1992h). *Obras completas: La interpretación de los sueños* (Vol. IV-V). Buenos Aires: Amorrortu. (Trabalho original de 1900)

Freud, S. (1992i). *Obras completas: Psicopatología de la vida cotidiana* (Vol. VI). Buenos Aires: Amorrortu. (Trabalho original de 1901)

Freud, S. (1992j). Tres ensayos de teoria sexual. In S. Freud, *Obras completas* (Vol. VII, pp. 109-223). Buenos Aires: Amorrortu. (Trabalho original de 1905)

Freud, S. (1992k). Contribuciones para un debate sobre el suicídio. In S. Freud, *Obras completas* (Vol. XI, pp. 231-232). Buenos Aires: Amorrortu. (Trabalho original de 1910)

Freud, S. (1992l). Tótem y tabú. In S. Freud, *Obras completas* (Vol. XIII, pp. 1-164). Buenos Aires: Amorrortu. (Trabalho original de 1913)

Freud, S. (1992m). Contribuición a la historia del movimiento psicoanalítico. In S. Freud, *Obras completas* (Vol. XIV, pp. 1-64). Buenos Aires: Amorrortu. (Trabalho original de 1914)

Freud, S. (1992n). Introducción del narcisismo. In S. Freud, *Obras completas* (Vol. XIV, pp. 65-98). Buenos Aires: Amorrortu. (Trabalho original de 1914)

Freud, S. (1992o). De guerra y muerte. Temas de actualidad. In S. Freud, *Obras completas* (Vol. XIV, pp. 273-304). Buenos Aires: Amorrortu. (Trabalho original de 1915)

Freud, S. (1992p). Pulsiones y destinos de pulsión. In S. Freud, *Obras completas* (Vol. XIV, pp. 105-134). Buenos Aires: Amorrortu. (Trabalho original de 1915)

Freud, S. (1992q). La transitoriedad. In S. Freud, *Obras completas* (Vol. XIV, pp. 305-312). Buenos Aires: Amorrortu. (Trabalho original de 1916)

Freud, S. (1992r). Algunas perspectivas sobre el desarrollo y la regresión. Etiología. In S. Freud, *Obras completas* (Vol. XVI, pp. 309-325). Buenos Aires: Amorrortu. (Trabalho original de 1916-1917)

Freud, S. (1992s). Complemento metapsicológico a la doctrina de los sueños. In S. Freud, *Obras completas* (Vol. XIV, pp. 215-234). Buenos Aires: Amorrortu. (Trabalho original de 1917)

Freud, S. (1992t). Duelo y melancolía. In S. Freud, *Obras completas* (Vol. XIV, pp. 235-256). Buenos Aires: Amorrortu. (Trabalho original de 1917)

Freud, S. (1992u). Más allá del principio de placer. In S. Freud, *Obras completas* (Vol. XVIII, pp. 1-62). Buenos Aires: Amorrortu. (Trabalho original de 1920)

Freud, S. (1992v). Psicología de las masas y análisis del yo y otras obras. In S. Freud, *Obras completas* (Vol. XVIII, pp. 63-136). Buenos Aires: Amorrortu. (Trabalho original de 1921)

Freud, S. (1992w). El yo y el ello. In S. Freud, *Obras completas* (Vol. XIX, pp. 1-66). Buenos Aires: Amorrortu. (Trabalho original de 1923)

Freud, S. (1992x). Una neurosis demoníaca en el siglo XVII. In S. Freud, *Obras completas* (Vol. XIX, pp. 67-106). Buenos Aires: Amorrortu. (Trabalho original de 1923)

Freud, S. (1992y). Inhibición, síntoma y angustia. In S. Freud, *Obras completas* (Vol. XX, pp. 71-164). Buenos Aires: Amorrortu. (Trabalho original de 1926)

Freud, S. (1992z). Dostoievski y el parricidio. In S. Freud, *Obras completas* (Vol. XXI, pp. 171-194). Buenos Aires: Amorrortu. (Trabalho original de 1928)

Freud, S. (1992aa). Proyecto de psicología. In S. Freud, *Obras completas* (Vol. I, pp. 323-464). Buenos Aires: Amorrortu. (Trabalho original de 1950 [1895])

Freud, S. (2010). O inquietante. In S. Freud, *História de uma neurose infantil ("O homem dos lobos"), Além do princípio do prazer e outros textos (1917-1920)* (pp. 382-376). São Paulo: Companhia das Letras. (Trabalho original de 1919)

Freud, S., & Abraham, K. (1965). *A psycho-analytic dialogue. The letters of Sigmund Freud and Karl Abraham, 1907-1926*. Londres: The Hogarth Press.

Freud, S., & Abraham, K. (2002). *Correspondencia completa (1907-1926)*. Madri: Editorial Síntesis.

Freud, S., & Andreas-Salomé, L. (1975). *Correspondência completa*. Rio de Janeiro: Imago.

Freud, S., & Ferenczi, S. (1992). *Correspondance 1908-1914*. Paris: Calmann-Lévy.

Freud, S., & Ferenczi, S. (2001). *Correspondencia completa* (Vol. II: 1914-1916). Madri: Editorial Síntesis.

Freud, S., & Pfister, O. (2001). *Cartas entre Freud e Pfister (1909-1939): um diálogo entre a psicanálise e a fé cristã*. Viçosa: Últimato.

Fuss, D., & Sanders, J. (2015). *Berggasse 19: Inside Freud's office*. Nova York. Recuperado de http://joelsandersarchitect.com/berggasse-19-inside-freuds-office-with-diana-fuss/.

Gay, P. (1989). *Freud: uma vida para nosso tempo*. São Paulo: Companhia das Letras.

Gorer, G. (1965). *Death, grief and mourning*. Nova York: Doubleday.

Green, A. (1988). *Narcisismo de vida, narcisismo de morte*. São Paulo: Escuta.

Green, A. (2008). *Orientações para uma psicanálise contemporânea*. Rio de Janeiro: Imago.

Guimarães Rosa, J. (2001). Campo geral. In J. Guimarães Rosa, *Manuelzão e Miguilim* (pp. 27-152). Rio de Janeiro: Nova Fronteira.

Hornstein, L. (2009). *Narcisismo: autoestima, identidade, alteridade*. São Paulo: Via Lettera.

Kehl, M. R. (2009). *O tempo e o cão: a atualidade das depressões*. São Paulo: Boitempo.

Kernberg, O. (2010). Some observations on the process of mourning. *The International Journal of Psychoanalysis, 91*, 601-619.

Klein, M. (1996). O luto e suas relações com os estados maníaco--depressivos. In M. Klein, *Amor, culpa e reparação e outros trabalhos* (pp. 385-412). Rio de Janeiro: Imago. (Trabalho original de 1940)

Kupermann, D. (2003). *Ousar rir: humor, criação e psicanálise*. Rio de Janeiro: Civilização Brasileira.

Kupermann, D. (2010). Humor, desidealização e sublimação na psicanálise. *Psicologia Clínica, 22*(1), 193-207.

Kupermann, D. (2016, janeiro/junho). Trauma, sofrimento psíquico e cuidado na psicologia hospitalar. *Revista da Sociedade Brasileira de Psicologia Hospitalar, 19*(1), 6-20.

Lacan, J. (2016). *O seminário, livro 6: O desejo e sua interpretação*. Rio de Janeiro: Jorge Zahar.

Lagache, D. (1938). Le travail du deuil. Ethnologie et psychanalyse. *Revue Française de psychanalyse, 16*(4), 243-257.

Landa, F. (1999). *Ensaio sobre a criação teórica em psicanálise: de Ferenczi a Nicolas Abraham e Maria Torok*. São Paulo: Editora Unesp.

Laplanche, J. (1985). *Vida e morte em psicanálise*. Porto Alegre: Artes Médicas.

Laplanche, J., & Pontalis, J.-B. (2004). *Vocabulário da psicanálise*. São Paulo: Martins Fontes.

Laufer, L. (2006). *L'énigme du deuil*. Paris: Presses Universitaires de France.

Laufer, L. (2012, janeiro/junho). A bela morte. *Ágora: Estudos em Teoria Psicanalítica, 15*(1), 15-31. doi: 10.1590/S1516-14982012000100002.

Leader, D. (2011). *Além da depressão: novas maneiras de entender o luto e a melancolia.* Rio de Janeiro: Best Seller.

Levi, P. (1988). *É isto um homem?* Rio de Janeiro: Rocco.

Mbembe, A. (2016, dezembro). Necropolítica. *Revista Arte & Ensaios,* (32), 122-151. Recuperado de https://revistas.ufrj.br/index.php/ae/article/view/8993/7169.

Nasio, J.-D. (2007). *A dor de amar.* Rio de Janeiro: Jorge Zahar.

Ogden, T. (2010). Uma nova leitura das origens da teoria das relações objetais. In T. Ogden, *Esta arte da psicanálise: sonhando sonhos não sonhados e gritos interrompidos* (pp. 48-67). Porto Alegre: Artmed.

Peres, U. T. (2010). *Depressão e melancolia.* Rio de Janeiro: Zahar.

Pinheiro, T. (2016). *Ferenczi.* São Paulo: Casa do Psicólogo.

Plon, M., & Roudinesco, E. (1998). *Dicionário de psicanálise.* Rio de Janeiro: Zahar.

Pontalis, J.-B. (1988). *Perder de vista.* Rio de Janeiro: Jorge Zahar.

Pontalis, J.-B. (1991). *A força de atração.* Rio de Janeiro: Jorge Zahar.

Pontalis, J.-B. (2005). *Entre o sonho e a dor.* Aparecida, SP: Ideias & Letras.

Rabinovich, D. (2014). *El concepto de objeto en la teoría psicoanalítica: sus incidencias en la dirección de la cura.* Buenos Aires: Manantial.

Rodrigué, E. (1995). *Sigmund Freud – O século da psicanálise: 1895-1995* (Vol. 2). São Paulo: Escuta.

Rosenberg, B. (2003). *Masoquismo mortífero e masoquismo guardião da vida.* São Paulo: Escuta.

Roudinesco, E. (2016). *Sigmund Freud na sua época e em nosso tempo*. Rio de Janeiro: Zahar.

Schmitt, J. L. M. (2014). *Repercussões do macabro no romantismo brasileiro* (Tese de doutorado, Faculdade de Filosofia, Letras e Ciências Humanas da Universidade de São Paulo). Recuperado de https://www.teses.usp.br/teses/disponiveis/8/8149/tde-29042015-181522/publico/2014_JulianaLuizaDeMeloSchmitt_VCorr.pdf.

Schneider, M. (1993a). Trauma e filiação em Freud e Ferenczi. *Revista Percurso, 10*(1), 31-39.

Schneider, M. (1993b). *Afeto e linguagem nos primeiros escritos de Freud*. São Paulo: Editora Escuta, 1993b.

Seligmann-Silva, M. (2010, janeiro/junho). O local do testemunho. *Revista do Programa de Pós-Graduação em História (Udesc), 2*(1), 3-20.

Starobinski, J. (2016). *A tinta da melancolia: uma história cultural da tristeza*. São Paulo: Companhia das Letras.

Strachey, J. (1992). Nota introductoria (duelo y melancolia). In S. Freud, *Obras completas* (Vol. XIV, pp. 237-240). Buenos Aires: Amorrortu.

Torok, M. (1995). Doença do luto e fantasia do cadáver saboroso. In N. Abraham & M. Torok, *A casca e o núcleo* (pp. 215-236). São Paulo: Escuta.

Uchitel, M. (2011). *Neurose traumática: uma revisão crítica do conceito de trauma*. São Paulo: Casa do Psicólogo.

Série Psicanálise Contemporânea

Adoecimentos psíquicos e estratégias de cura: matrizes e modelos em psicanálise, de Luís Claudio Figueiredo e Nelson Ernesto Coelho Junior

O brincar na clínica psicanalítica de crianças com autismo, de Talita Arruda Tavares

Budapeste, Viena e Wiesbaden: o percurso do pensamento clínico-teórico de Sándor Ferenczi, de Gustavo Dean-Gomes

Clínica da excitação: psicossomática e traumatismo, de Diana Tabacof

Do pensamento clínico ao paradigma contemporâneo: diálogos, de André Green e Fernando Urribarri

Do povo do nevoeiro: psicanálise dos casos difíceis, de Fátima Flórido Cesar

Em carne viva: abuso sexual de crianças e adolescentes, de Susana Toporosi

Escola, espaço de subjetivação: de Freud a Morin, de Esméria Rovai e Alcimar Lima

Expressão e linguagem: aspectos da teoria freudiana, de Janaina Namba

Fernando Pessoa e Freud: diálogos inquietantes, de Nelson da Silva Junior

O grão de areia no centro da pérola: sobre neuroses atuais, de Paulo Ritter e Flávio Ferraz

Heranças invisíveis do abandono afetivo: um estudo psicanalítico sobre as dimensões da experiência traumática, de Daniel Schor

Histórias recobridoras: quando o vivido não se transforma em experiência, de Tatiana Inglez-Mazzarella

A indisponibilidade sexual da mulher como queixa conjugal: a psicanálise de casal, o sexual e o intersubjetivo, de Sonia Thorstensen

Interculturalidade e vínculos familiares, de Lisette Weissmann

Janelas da psicanálise: transmissão, clínica, paternidade, mitos, arte, de Fernando Rocha

O lugar do gênero na psicanálise: metapsicologia, identidade, novas formas de subjetivação, de Felippe Lattanzio

Os lugares da psicanálise na clínica e na cultura, de Wilson Franco

Luto e trauma: testemunhar a perda, sonhar a morte, de Luciano Bregalanti

Metapsicologia dos limites, de Camila Junqueira

Os muitos nomes de Silvana: contribuições clínico-políticas da psicanálise sobre mulheres negras, de Ana Paula Musatti-Braga

Nem sapo, nem princesa: terror e fascínio pelo feminino, de Cassandra Pereira França

Neurose e não neurose, 2. ed., de Marion Minerbo

A perlaboração da contratransferência: a alucinação do psicanalista como recurso das construções em análise, de Lizana Dallazen

Psicanálise de casal e família: uma introdução, com organização de Rosely Pennacchi e Sonia Thorstensen

Psicanálise e ciência: um debate necessário, de Paulo Beer

Psicossomática e teoria do corpo, de Christophe Dejours

Relações de objeto, de Decio Gurfinkel

Ressonâncias da clínica e da cultura: ensaios psicanalíticos, de Silvia Leonor Alonso

Sabina Spielrein: uma pioneira da psicanálise - Obras Completas, volume 1, 2. ed., com organização, textos e notas de Renata Udler Cromberg

Sabina Spielrein: uma pioneira da psicanálise - Obras Completas, volume 2, com organização, textos e notas de Renata Udler Cromberg

O ser sexual e seus outros: gênero, autorização e nomeação em Lacan, de Pedro Ambra

O tempo e os medos: a parábola das estátuas pensantes, de Maria Silvia de Mesquita Bolguese

Tempos de encontro: escrita, escuta, psicanálise, de Rubens M. Volich

Transferência e contratransferência, 2. ed., de Marion Minerbo